NOUVELLE BIBLIOTHÈQUE ALGÉRIENNE

COLLECTION ADOLPHE JOURDAN

HISTOIRE

DE

L'ALGÉRIE

RACONTÉE

AUX PETITS ENFANTS

LEÇONS — RÉSUMÉS — EXERCICES ORAUX OU ÉCRITS

PAR

M. JULES RENARD

PRÉFACE

PAR

M. PAUL BERT

Ouvrage destiné aux élèves
des Écoles primaires,
et publié sous le patronage
du Conseil municipal d'Oran

ALGER

LIBRAIRIE CLASSIQUE ADOLPHE JOURDAN
IMPRIMEUR-LIBRAIRE DE L'ACADÉMIE

1884

DUCRET, ancien instituteur à Alger.

Cahiers d'écriture arabe, réglés, avec modèles gravés et gradués. N°s 1, 2, 3, 4, 5, 6, 7 et 8. (La méthode sera contenue dans 10 cahiers). Chaque cahier,   15 c.

MOLINER-VIOLLE, ancien instituteur.

Précis de Géographie historique de l'Algérie, avec **14 cartes.** Brochure in-8°.   1 fr.

Algérie politique, *carte muette,* tirée en couleur. La feuille.   05 c.

O. NIEL, professeur d'histoire et de géographie au collège de Bône.

Géographie de l'Algérie, géographie physique, agricole, industrielle, commerciale, politique et itinéraire de l'Algérie, avec **3 cartes.** 1 gros vol. in-12, de 852 pages.   10 fr.

VAYSSETTES.

Système légal des poids et mesures, texte arabe autographié. 1 vol. in-18 avec planches.   75 c.

Le même, avec la traduction française.   1 fr.

ZEYS (E.)

Traité élémentaire de Droit musulman *(école malékite).* 2 vol. in-8°.   15 fr.

———

Carte murale de l'Algérie, à l'usage des lycées, collèges, écoles primaires, format 4 feuilles jésus, coloriée, collée sur toile, vernie avec gorge et rouleau.   18 fr.

La même, en feuille   8 fr.

HISTOIRE

DE

L'ALGÉRIE

RACONTÉE

AUX PETITS ENFANTS

ALGER. — TYPOGRAPHIE ADOLPHE JOURDAN.

NOUVELLE BIBLIOTHÈQUE ALGÉRIENNE

COLLECTION ADOLPHE JOURDAN

HISTOIRE

DE

L'ALGÉRIE

RACONTÉE

AUX PETITS ENFANTS

LEÇONS — RÉSUMÉS — EXERCICES ORAUX OU ÉCRITS

PAR

M. JULES RENARD

PRÉFACE
PAR

M. PAUL BERT

Ouvrage destiné aux élèves
des Écoles primaires,
et publié sous le patronage
du Conseil municipal d'Oran

ALGER

LIBRAIRIE CLASSIQUE ADOLPHE JOURDAN

IMPRIMEUR-LIBRAIRE DE L'ACADÉMIE

1884

A

M. PAUL BERT

MEMBRE DE L'INSTITUT

PRÉSIDENT D'HONNEUR

DE LA SOCIÉTÉ POUR LA PROTECTION DES COLONS

ET L'AVENIR DE L'ALGÉRIE

CE PETIT LIVRE EST DÉDIÉ

PAR SON TRÈS DÉVOUÉ ET TRÈS RESPECTUEUX

J. R.

Oran, le 14 février 1884.

PRÉFACE

Monsieur,

Je vous remercie très vivement de la pensée affectueuse qui vous a déterminé à me dédier votre **Histoire de l'Algérie,** et je lui souhaite, en retour, le plus grand succès.

Je le souhaite et je l'espère ; car ce petit livre vient, fort à propos, combler une lacune de notre littérature classique. L'histoire de l'Algérie est, en effet, à peine ébauchée dans les livres mis entre les mains des enfants. Le coup d'éventail légendaire, la prise du nid de pirates, la bataille d'Isly, les sièges de Constantine, quelques anecdotes militaires, et c'est tout.

Fort heureusement, il est vrai, en dehors de l'enseignement classique, les récits de nos soldats ont conservé vivants, dans la mémoire de tous, les noms de Bugeaud, de Cavaignac, de Lamoricière, de Bedeau et de tant d'autres héros, celui de leur plus redoutable adversaire, Abd-el-Kader, et les faits d'armes glorieux de Mazagran, de Sidi-Brahim, etc.

Mais tout cela est confus, incomplet, mêlé, même dans l'esprit des personnes qui passent pour instruites, des erreurs les plus extraordinaires. Alors qu'on rougirait de ne pas connaître les détails de la guerre de Cent ans, des guerres religieuses, des conquêtes de Louis XIV et de Napoléon, on avoue sans honte son ignorance des faits les plus importants de l'histoire d'Algérie. Tel élève qui saura sur le bout du doigt tous les affluents de la Loire et récitera sans erreurs les sous-préfectures, croira volontiers que les palmiers des oasis sahariennes se dressent sur les bords de la Méditerranée, et restera muet si on l'interroge sur le Tell ou les Hauts-Plateaux, sur les Arabes ou les Kabyles. Malgré la facilité des communications, malgré la lecture des journaux, malgré les récits des voyageurs, des fonctionnaires, des officiers, on ne rencontre que fort peu de personnes ayant des notions claires et précises sur les diverses races indigènes, sur leur état social, leurs mœurs, leurs rapports avec les Européens, sur l'état actuel de la colonisation, le rôle des Français et des étrangers, les administrations civiles et militaires, les richesses agricoles, sylvestres, minières de cet admirable pays.

Les conséquences de cette ignorance se sont fait souvent sentir de la manière la plus fâcheuse, jusque dans les déterminations du Parlement.

Votre **Histoire de l'Algérie racontée aux petits enfants** sera donc lue avec profit par les grandes personnes elles-mêmes. Mais vous vous adressez particulièrement aux enfants, et vous avez raison, car il est plus facile d'empêcher les erreurs et les préjugés de naître, que de les corriger ou de les détruire. Vous vous adressez non seulement aux enfants de la France algérienne, auxquels vous devez peut-être un enseignement plus complet encore, mais surtout à ceux de la Mère-Patrie, pour qui ces notions succinctes seront suffisantes. Vous le faites dans un exposé historique net et précis, avec un style alerte et vivant, car vous appartenez évidemment à cette école de révolutionnaires qui nie que l'ennui soit nécessaire à l'enseignement. C'est là une des garanties du succès qu'en terminant je vous souhaite de nouveau, parce qu'il aura des conséquences importantes pour les intérêts indissolublement liés de la France et de l'Algérie.

Bien cordialement vôtre,

Paul BERT.

Paris, le 5 avril 1884.

———————;

CONSEIL MUNICIPAL D'ORAN

—

Séance du 30 janvier 1884

—

RAPPORT DE M. MONBRUN

—

MESSIEURS,

J'ai eu l'honneur, à la dernière séance, de soumettre à votre approbation le manuscrit d'une *Histoire de l'Algérie* que vient de composer un des instituteurs les plus méritants de nos écoles communales.

Les quelques explications que je vous ai fournies sur cet ouvrage aussi intéressant qu'utile, et la lecture qui a été faite, à votre séance, des principaux passages, vous ont déterminés à lui accorder toute

votre bienveillante attention. Nos collègues ont una-
nimement manifesté le désir de lire ce livre, pour
donner aujourd'hui à son auteur, M. Renard, un témoignage plus complet des félicitations et du patronage du Conseil municipal d'Oran, si manifestement
dévoué à la cause de l'enseignement.

M. Renard, qui a fondé, dans le quartier de la
Mosquée, une bibliothèque populaire dont le déve-
loppement s'accroît de jour en jour, a voulu combler
une lacune, en écrivant pour nos écoles primaires
une *Histoire de l'Algérie*.

Déployant une activité à laquelle le Conseil a
maintes fois rendu hommage, avec l'autorité acadé-
mique, ce maître si laborieux de nos écoles s'est
mis résolument à l'œuvre depuis quelques mois,
pensant que le meilleur moyen de faire connaître et
aimer l'Algérie était d'enseigner son histoire si glorieuse, non seulement à ceux qui n'habitent point ce
pays, mais avant tout aux nouvelles générations qui
le peuplent.

Il est à remarquer, en effet, que, si l'Algérie
n'est point connue comme elle devrait l'être en
France, c'est qu'en Algérie même nos enfants ne
la connaissent point, et qu'en tête de l'enseignement
qui leur est donné ne figurent ni son histoire, qui
fait cependant partie de l'histoire nationale, ni les
grandes leçons qui, dans son passé, peuvent nous

apprendre à la faire prospérer dans le présent et dans l'avenir.

Combler cette lacune, tel a été le but de M. Renard ; mais ce champ si vaste cachait des écueils qu'il a su éviter, car il ne fallait point perdre de vue qu'avant de faire, comme on le fera plus tard, une grande histoire de l'Algérie, il faut s'adresser à la jeune génération, aux petits enfants des écoles.

A ce titre, la méthode employée par M. Renard est des plus heureuses et des plus pratiques ; son livre a bien la simplicité qui convient aux enfants. Il est attrayant, il ne fatiguera point les jeunes esprits auxquels il est destiné ; tout en lui réveillera l'attention. Le style, en effet, est clair et frappe à chaque instant l'imagination. Le récit est comme la leçon parlée qui est faite à l'école. De l'anecdote et de l'épisode, l'auteur passe à ces intéressantes et curieuses interrogations que l'élève fait si souvent dans la classe et l'enfant dans la famille.

Les divisions en leçons et chapitres sont aussi méthodiques que bien comprises. La leçon est courte, et, comme il faut se tenir en garde contre la légèreté de ces têtes si jeunes qui souvent oublient aussi vite qu'elles apprennent, chaque chapitre est accompagné d'un résumé plus succinct encore que le maître fera très utilement apprendre à l'élève.

En même temps que le résumé, suivant la

méthode nouvelle si heureusement développée dans l'enseignement de nos jours, vient le texte ou plutôt le sommaire d'exercices oraux ou écrits rappelant les faits principaux de la leçon et la gravant ainsi dans le cerveau de l'enfant.

L'ouvrage, vous le voyez, Messieurs, se distingue par les qualités réelles qui vous ont déjà frappés à la lecture faite en séance et à celle que chacun de vous a tenu à faire en particulier.

Vous avez remarqué que, quoique abrégée, puisqu'elle doit former un petit livre destiné aux écoles, cette histoire est absolument complète.

Les sept premières leçons formant la première partie, c'est-à-dire l'histoire de l'Algérie dans le passé, indiquent en même temps quelle est la situation géographique et topographique de ce sol, ce que la France peut attendre de lui, à quelles hautes destinées est appelée cette terre africaine, ce qu'y ont fait les grands peuples de l'antiquité avant qu'elle ait été conquise par nos vaillants soldats et fertilisée par nos laborieux colons.

A grands traits, et c'était selon nous nécessaire, M. Renard rappelle ce que furent les premiers habitants, ce qui se passa dans ce pays au temps des Numides, sous la domination romaine, à l'époque des Vandales et des Byzantins.

L'histoire de l'invasion arabe conduit l'auteur à

parler de ce puissant génie qui s'appelait Mahomet, à montrer dans quelle religion, dans quelles mœurs, dans quelles croyances il faut rechercher l'origine de ce fanatisme qui fait ressembler les plus formidables insurrections de nos jours aux retentissants soulèvements de l'ancienne histoire du pays.

L'auteur arrive ainsi peu à peu à nous représenter l'Algérie sous les Turcs, et, après avoir indiqué les premières tentatives de Charles-Quint et de Ximénès pour arracher ces terres fertiles à la barbarie, il nous conduit jusqu'en 1830, et nous montre la France plantant ici le drapeau de la civilisation.

Alors commence, dans des leçons qui respirent un ardent patriotisme, une des pages les plus belles de l'histoire de France. Nous assistons à la conquête du pays. A chaque leçon, nos soldats et leurs plus vaillants généraux sont cités à l'ordre du jour de l'histoire, après avoir été cités à l'ordre du jour de cette glorieuse armée d'Afrique, qui fit si longtemps et qui fait encore aujourd'hui l'admiration du monde entier ! Ah ! c'est en lisant ces leçons que nos jeunes générations apprendront, comme le dit M. Renard, « au prix de quels efforts, de quels sacrifi- » ces nous avons conquis ce pays. » Nos enfants retiendront maintenant les noms de Changarnier, de Valée, de Damrémont, de Cavaignac, de Bu-

geaud, de Lamoricière, de Blandan, de Lelièvre et
de cent autres héros, auprès desquels font bonne
contenance les vaincus. L'auteur, loin d'inspirer la
haine des Arabes, leur rend souvent hommage, en
plaçant parmi eux, au premier rang, Abd-el-Kader,
le Jugurtha de l'Algérie contemporaine.

A côté de l'armée, l'œuvre du colon est signa-
lée dans un aussi beau langage. « Il faut dire, en
» effet, écrit M. Renard, comment nos rudes colons
» ont travaillé à assainir le sol, à le mettre en va-
» leur, à transformer certaines plaines meurtrières
» en campagnes salubres.... Ils dorment aujourd'hui
» sous la terre africaine ; mais ce sont leurs bras,
» c'est leur sueur, c'est leur sang qui a fécondé
» l'Algérie. L'histoire serait injuste pour eux, si
» elle ne les enveloppait, avec nos héroïques soldats,
» dans la même immortelle auréole. »

C'est cette histoire — une véritable épopée —
que l'auteur se propose de faire enseigner aux enfants. Il a raison ; nous devons l'en louer haute-
ment et publiquement. Après avoir raconté la conquête proprement dite, il explique, en quelques
chapitres, comment le pays s'est constitué ; comment, sous la République de 1848, sous l'Empire et
surtout depuis 1870, l'Algérie est devenue le pro-
longement de la France ; comment enfin, sous notre jeune République, la Paix, le Travail et l'Ins-

truction permettront à tous, aux vainqueurs comme aux vaincus, aux étrangers eux-mêmes, sans distinction de race et de religion, de faire de ce pays une France nouvelle.

Nous avons tenu, Messieurs, à entrer dans quelques développements pour vous dire ce qu'est le livre de M. Renard. Si longs qu'ils puissent paraître, son œuvre les comporte ; car il s'agit à la fois de rendre complètement hommage au travail et à une heureuse initiative, et de concourir avec l'auteur à la véritable instruction de notre jeunesse. Lui enseigner l'histoire de l'Algérie, n'est-ce pas, comme nous l'avons dit, lui apprendre à l'aimer, à conserver pieusement le souvenir des soldats et des colons ? N'est-ce pas surtout faire connaître l'Algérie à la France et contribuer ainsi à sa grandeur ?

A tous ces titres, nous vous proposons, Messieurs, d'adresser à M. Renard nos plus vives félicitations, et de lui assurer, dans l'accomplissement de l'œuvre qu'il a entreprise, le concours le plus absolu du Conseil municipal d'Oran.

Oran, le 30 janvier 1884.

Le Conseiller-rapporteur de la Commission des Écoles,

Th. MONBRUN.

Les conclusions de ce rapport ont été adoptées à l'unanimité. Aucun témoignage de sympathie ne pouvait m'être plus précieux. J'en remercie le Conseil municipal d'Oran, si dévoué à la cause du progrès. J'en remercie tout particulièrement son honorable rapporteur, M. MONBRUN, qui, au sein de cette assemblée, comme au sein du Conseil général d'Oran et du Conseil supérieur de Gouvernement, soutient si vaillamment les intérêts de l'enseignement populaire.

J. R.

Oran, 21 avril 1884.

ERRATA

—

NOTE

La rapidité avec laquelle a été publiée cette première édition expliquera au lecteur les quelques erreurs de détail qui s'y sont glissées. Elles n'ont du reste qu'une importance très secondaire et seront rectifiées dans la seconde édition que prépare l'auteur. Ce dernier, qui a voulu faire de ce petit volume une œuvre essentiellement algérienne, sera heureux d'accueillir tous les renseignements que les anciens habitants du pays voudraient bien lui adresser, et il les en remercie par avance.

Oran, 26 avril 1884.

HISTOIRE DE L'ALGÉRIE

RACONTÉE

AUX PETITS ENFANTS

~⚬⚬⚬~

PREMIÈRE PARTIE

L'ALGÉRIE DANS LE PASSÉ

———

Ire LEÇON

LE MOGHREB

—

RÉSUMÉ

1. — L'Algérie est la plus grande et la plus belle des colonies françaises.

2. — Sa superficie est de 67 millions d'hectares, soit 14 millions d'hectares de plus que celle de la France.

3. — La France a mis dix-sept ans à conquérir l'Algérie.

4. — L'Algérie fait partie d'une grande région

qui s'étend de l'océan Atlantique au golfe de Gabès, et que les Arabes appellent le **Moghreb.**

5. — Le Moghreb comprend la Tunisie, l'Algérie et le Maroc.

6. — La distance entre la France et l'Algérie est d'environ deux cents lieues.

7. — L'Algérie est bornée au nord par la Méditerranée, au sud par le Sahara, à l'est par la Tunisie, et à l'ouest par le Maroc.

DÉVELOPPEMENT

Mes enfants, pas un de vous n'ignore que l'Algérie est la plus grande et la plus belle des colonies françaises.

L'Algérie est située en Afrique, dans cet immense continent trois fois plus étendu que l'Europe, mais beaucoup moins civilisé.

Sa superficie est supérieure à celle de la France, même à celle de la France ayant pour borne ce Rhin que la destinée nous refuse. Le territoire de la mère-patrie, depuis la mutilation de 1871, est à peine de 53 millions d'hectares, tandis que celui de l'Algérie est d'environ 67 millions, soit 14 millions de plus.

La France attend beaucoup de l'Algérie qu'elle a mis dix-sept longues années à conquérir. Elle s'est étroitement attachée à ce pays que ses vaillants soldats ont arrosé de leur sang et que ses laborieux colons fécondent de leurs sueurs. L'Algérie est évidemment appelée à de hautes destinées.

Petit Georges, regarde la carte d'Afrique. Tu y verras, au nord-ouest, une grande région qui s'étend depuis l'océan Atlantique jusqu'au golfe de Gabès, dans la Méditerranée.

— Oui, Monsieur, il y a la mer d'un côté et le désert de l'autre.

— Parfaitement, mon enfant. Eh bien, cette région, les Arabes l'appelaient et l'appellent encore aujourd'hui le **Moghreb,** c'est-à-dire le Couchant. Elle comprend la Tunisie, l'Algérie et le Maroc. Comme tu vois, l'Algérie n'est qu'une partie du Moghreb.

— Oui, Monsieur, l'Algérie est au milieu.

— C'est vrai, l'Algérie est au milieu de cette vaste région. Plus civilisée que le

Maroc et la Tunisie, elle est le centre vers lequel converge toute l'Afrique du nord-ouest.

Maintenant, Paul, mettez le doigt sur la France, et dites-moi par quoi l'Algérie en est séparée.

— Par la mer Méditerranée.

— Très bien, mon garçon. Et la distance est d'environ deux cents lieues, qui peuvent être franchies aujourd'hui en moins de trente heures. C'est dire que les relations entre la colonie et la métropole sont faciles.

A présent, mes enfants, si nous cherchons les frontières de l'Algérie, nous voyons que l'Algérie n'a qu'une frontière naturelle.

— Monsieur, il y a donc des frontières qui ne sont pas naturelles ?

— Oui, ami Charles. On les appelle alors frontières conventionnelles. Les cours d'eau, les mers, les montagnes qui limitent un État, sont des frontières naturelles. L'Océan, les Pyrénées, la Méditerranée, les Alpes, sont des frontières naturelles de la

France. Un grand fleuve, le Rhin, formait une autre de ses frontières naturelles. Mais vous savez tous qu'actuellement la France ne va plus jusqu'au Rhin. De ce côté les frontières ont été tracées très arbitrairement, à la suite d'événements que vous avez étudiés dans votre histoire de France. Elles sont indiquées le plus souvent par des bornes ou des poteaux placés de distance en distance. Ce sont des frontières conventionnelles.

Mais revenons à l'Algérie. Je vous disais donc que l'Algérie n'a qu'une frontière naturelle ; c'est la Méditerranée, au nord. Au sud, l'Algérie s'étend jusqu'au plateau d'El Goléa et se perd dans le Sahara, sans limite fixe. Elle est bornée à l'est par la Tunisie, qui est maintenant sous le protectorat de la France, et à l'ouest par l'empire du Maroc. Jamais, du côté de la Tunisie et du côté du Maroc, on n'a pu établir de frontières bien certaines.

— Monsieur, c'est peut-être parce que l'Algérie, la Tunisie et le Maroc ne faisaient autrefois qu'un seul et même pays.

— Oui, mon ami, et sans vouloir nous lancer dans la politique, nous pouvons bien dire que la force des choses tend à réunir ces trois contrées qui ont même sol, mêmes races d'hommes, mêmes animaux, mêmes végétaux et même histoire.

Exercices oraux ou écrits.

1. Qu'est-ce que l'Algérie ?

2. Quelle est sa superficie ?

3. Combien de temps la France a-t-elle mis à conquérir l'Algérie ?

4. De quelle grande région fait partie l'Algérie ?

5. Quelles contrées comprend le **Moghreb ?**

6. Quelle est la distance entre la France et l'Algérie ?

7. Quelles sont les bornes de l'Algérie ?

IIᵉ LEÇON

LES PREMIERS HABITANTS

—

RÉSUMÉ

1. — Les premiers habitants de l'Algérie étaient grossiers et incultes. Ils se nourrissaient, comme les bêtes, de la chair des animaux et de l'herbe des champs.

2. — Il est probable que d'autres races, venues de différents côtés, détruisirent ou absorbèrent ces premiers habitants.

3. — On peut diviser les races qui, depuis plus de deux mille ans, habitent l'Algérie, en **nomades** et en **sédentaires.**

4. — Dans l'antiquité, les nomades étaient désignés sous le nom de **Numides.** Ils portent aujourd'hui le nom d'**Arabes.**

5. — Les sédentaires s'appelaient, dans l'antiquité, **Berbères.** De nos jours ils se nomment **Kabyles.**

6. — Il n'y a guère de changement dans les mœurs et le caractère des principaux peuples qui habitaient l'Algérie avant la conquête française. Ils sont restés à peu près ce qu'ils étaient jadis.

7. — Cela tient surtout à ce qu'ils vivent parqués en tribus, et que d'une tribu à l'autre on se dispute, on se hait, on se pille.

DÉVELOPPEMENT

Mes enfants, il y a encore aujourd'hui, en Océanie, des pays où les hommes vont presque nus, n'ont pas de lit pour dormir, pas de maison pour s'abriter, pas de lois, pas de police. Ce sont des pays sauvages. Dans ces pays-là, l'ignorance et le droit du plus fort règnent. Chacun tire de son côté, vit au hasard, sans but, se nourrissant, comme les bêtes, de la chair des animaux et de l'herbe des champs, des hasards de la chasse et des produits naturels du sol.

Eh bien, mes chers enfants, il est probable que les premiers habitants de l'Algérie ressemblaient fort aux tribus dont je viens de vous parler. En tout cas, je ne crois pas trop m'avancer en vous les présentant comme des êtres bien grossiers et bien incultes.

Mais il est probable que cette race tout

à fait primitive a été détruite ou absorbée par d'autres races venues soit du nord, soit de l'est, soit du sud, peut-être même des trois côtés à la fois. De nos jours, ne voyons-nous pas arriver à Alger, à Oran, à Constantine, des émigrants de toute provenance, des Espagnols, des Italiens, des Maltais, etc.? Dans les temps les plus reculés, l'Algérie a dû recevoir ainsi des populations diverses.

Quoi qu'il en soit, depuis plus de deux mille ans, deux races bien distinctes s'y touchent sans se confondre : les **nomades** et les **sédentaires**.

Les nomades, l'antiquité les désignait sous le nom de **Numides** ; et les sédentaires, elle les connaissait sous la dénomination de **Berbères**.

Aujourd'hui nous sommes encore en présence de ces deux races : les nomades sont représentés par les **Arabes,** et les sédentaires par les **Kabyles.**

Les Numides étaient des cavaliers intrépides, maigres, basanés. Ils montaient des chevaux de peu d'apparence, mais rapides

comme le vent. Ils ne livraient pas de bataille rangée, mais ne laissaient jamais non
plus de repos à l'ennemi. La nuit, déro-
bant leur marche, ils fondaient à l'improviste sur les détachements isolés, les
dépouillaient de leurs armes, les massa-
craient ou les faisaient prisonniers. Tels
sont encore maintenant les Arabes.

Les anciens Berbères étaient agricoles
et industrieux. Ils vivaient isolés, mais
avaient une résidence fixe. Ils aimaient le
sol natal qu'ils savaient mettre en valeur,
étaient laborieux, économes, respectueux
de la propriété. Ces qualités sont toujours
celles des Kabyles de nos jours.

Ainsi, mes enfants, les mœurs et le caractère des principaux peuples qui habitent l'Algérie depuis plus de deux mille ans
n'ont guère changé. J'appelle tout particulièrement votre attention sur ce point.
Pourtant les Numides, les Berbères ont eu
à subir bien des dominations étrangères.
D'abord la domination des Phéniciens,
puis celle des Romains, etc. Eh bien !
malgré cela, ils sont restés, à peu de chose

près, ce qu'ils étaient jadis. Pendant que, de l'autre côté de la Méditerranée, l'antique Gaule se civilise peu à peu, le Nord de l'Afrique reste stationnaire. Le progrès n'y germe pas de lui-même ; quand il s'y montre, c'est qu'il y est apporté du dehors, et s'il s'y maintient quelque temps, c'est que l'on continue à l'alimenter.

En Gaule, les guerres, les révolutions amènent d'heureuses transformations ; les vainqueurs et les vaincus se mêlent, se confondent. Il en sort un grand peuple dont les qualités rappellent celles des races diverses dont il est issu. Des Celtes, des Romains, des Francs, des Normands, se forme la nation française, et le pays devient un des plus civilisés du monde.

Dans le Moghreb, au contraire, les guerres, les révolutions ne font qu'entasser ruines sur ruines. Les différentes races vivent côte à côte sans fusionner. Les habitants restent parqués en tribus. D'une tribu à l'autre, on se dispute, on se hait, on se pille. Ces tribus ne réussissent pas à se constituer en corps de nation pour chasser l'étranger. Elles ne savent pas se façonner à la civilisation qu'elles subissent quelquefois, mais à laquelle elles ne travaillent jamais de leur propre mouvement.

Exercices oraux ou écrits.

1. Que savez-vous sur les premiers habitants de l'Algérie ?

2. Quelles races succédèrent à ces premiers habitants ?

3. Comment peut-on diviser les races qui, depuis plus de deux mille ans, habitent l'Algérie ?

4. Sous quel nom les nomades étaient-ils désignés dans l'antiquité, et quel nom portent-ils aujourd'hui ?

5. Comment appelait-on les sédentaires dans l'antiquité, et comment les nomme-t-on de nos jours ?

6. Les mœurs et le caractère des principaux peuples de l'Algérie ont-ils changé ?

7. A quoi cela tient-il ?

IIIᵉ LEÇON

CARTHAGE

—

RÉSUMÉ

1. — La ville de **Carthage** fut fondée, 860 ans avant notre ère, par Didon, sœur de Pygmalion, roi de Tyr.

2. — Elle était située près de l'endroit où s'élève aujourd'hui la ville de Tunis.

3. — Carthage devint rapidement maîtresse de tout le littoral de l'Afrique occidentale, depuis le golfe de Gabès jusqu'au delà des colonnes d'Hercule.

4. — Les Carthaginois se servirent des indigènes sédentaires comme cultivateurs, et des indigènes nomades comme soldats.

5. — Plus tard ils employèrent comme soldats des mercenaires : Grecs, Gaulois, originaires des îles Baléares, etc.

6. — Les Carthaginois firent la conquête de Malte, de l'île de Sardaigne, de l'île de Corse, des îles Baléares et des côtes méridionales de l'Espagne.

7. — Ils ne purent s'emparer de la Sicile où ils trouvèrent en face d'eux les Romains.

8. — Les guerres qui eurent lieu entre Carthage

et Rome sont connues sous le nom de **guerres puniques.**

9. — Les chefs qui se distinguèrent le plus dans ces guerres furent Amilcar et Annibal, du côté des Carthaginois, Régulus et Scipion l'Africain, du côté des Romains.

10. — Scipion l'Africain remporta sur Annibal la grande victoire de Zama (202 ans avant notre ère).

11. — Carthage fut prise et détruite par Scipion Émilien, 145 ans avant notre ère.

DÉVELOPPEMENT

Mes enfants, vous avez sans doute entendu parler d'une ancienne ville appelée Carthage. Je suis sûr que ce nom ne vous est pas tout à fait inconnu. Allons, Paul, je vois que vous voulez dire quelque chose.

— Monsieur, je veux dire que Carthage était située en Afrique et qu'elle fut longtemps la rivale de Rome. J'ai lu cela dans un livre que papa m'a prêté à lire à la maison.

— C'est vrai, mon garçon. Eh bien, c'est de Carthage que je désire vous entretenir aujourd'hui. Cette ville n'existe plus; seulement, sur la carte de la Tunisie, vous trouverez, près de Tunis, un point où sont écrits ces mots : **Ruines de Carthage.** C'est là que le roi Louis IX ou saint Louis est mort, en 1270.

Carthage fut fondée, 860 ans avant notre ère, par Didon, sœur de Pygmalion, roi de Tyr.

— Monsieur, je connais l'histoire de Pygmalion. Je l'ai lue dans le **Télémaque.** Pygmalion fit mettre à mort le mari de Didon. C'était un tyran.

— Vous avez raison, ami Charles. Et vous n'ignorez pas que les tyrans sont toujours détestés. C'est pourquoi de nombreux habitants de Tyr suivirent Didon, emportant avec eux leurs richesses. Bientôt, grâce à ces richesses, Carthage fut une grande et belle ville. Elle devint rapidement maîtresse de tout le littoral de l'Afrique occidentale depuis le golfe de Gabès jusqu'au delà des colonnes d'Hercule.

Les Carthaginois firent rendre au sol de l'Afrique tout ce qu'il pouvait donner : troupeaux, céréales, vignes, oliviers. Ils se servirent des indigènes sédentai-

res comme cultivateurs, et des indigènes
nomades comme soldats. Les premiers
étaient considérés comme serfs ; les
seconds, plus fiers et plus belliqueux,
n'étaient soumis qu'à une sorte de protectorat. La population de race tyrienne ou
phénicienne était maîtresse du pays. Le
gouvernement, monarchique d'abord, se
transforma ensuite en une république
aristocratique.

Cependant, un moment vint où les serfs
africains relevèrent la tête et où les guer-
riers numides réclamèrent leur part du
pouvoir. Ce jour-là, Carthage entreprit de
former une armée qui fut entièrement à sa
dévotion. Elle prit des mercenaires: Grecs,
Gaulois, originaires des îles Baléares, etc.
Mais ces mercenaires lui coûtaient cher,
et puis, en temps de paix, ils étaient un
embarras.

Petit Georges, cherche dans la Méditerranée l'île de Malte, qui appartient à l'An-
gleterre ; l'île de Sardaigne, qui appartient
à l'Italie; l'île de Corse, qui appartient à la
France, et les îles Baléares, qui appartien-

nent à l'Espagne, et retiens que Carthage fit la conquête de ces îles d'où elle tirait du blé, du vin, de l'huile, de la laine, des mulets, et auxquelles elle fournissait des esclaves. Toutes les côtes méridionales de l'Espagne jusqu'aux Pyrénées furent également soumises par ses armes, son commerce ou sa politique.

Cela suffit-il aux Carthaginois ? Non. Ils voulurent encore avoir la Sicile ; mais là ils rencontrèrent en face d'eux les Romains.

Si vous continuez à regarder votre carte, vous pouvez constater que la Sicile et l'Italie sont voisines.

— Oui, Monsieur, il n'y a entre elles que le détroit de Messine.

— Bien, mon enfant. Les habitants de l'Italie s'appelaient alors Romains. Les Romains étaient de bons soldats.

— Nous le savons, Monsieur ; ils conquirent la Gaule.

— Oui, ils conquirent la Gaule, malgré la bravoure des Gaulois et l'héroïsme de Vercingétorix. Nous avons étudié cela dans l'histoire de France. De même, après de terribles guerres qu'il serait trop long de vous raconter ici, qu'on nomme **guerres puniques**, les Romains se rendirent maîtres des Carthaginois.

. Les chefs qui se distinguèrent le plus dans les guerres puniques furent Amilcar et Annibal, du côté des Carthaginois, Régulus et Scipion l'Africain, du côté des Romains.

Ce dernier remporta sur Annibal la célèbre victoire de Zama (202 ans avant notre ère). Zama était une ville située à l'intérieur des terres, à cinq jours de marche au sud de Carthage. A la bataille de Zama, vingt mille Carthaginois restèrent sur le carreau, et vingt mille autres furent faits prisonniers. Les Romains, eux, ne perdirent que deux mille hommes.

Les Romains eurent pu se tenir pour satisfaits. Il n'en fut rien. En plein Sénat, le vieux Caton jeta des figues fraîches d'Afrique devant les pères conscrits, pour leur rappeler la courte distance qui séparait Rome de sa rivale. **Il faut détruire**

Carthage ! Telle était la conclusion de tous ses discours. La guerre reprit donc plus âpre que jamais. Les Carthaginois se défendirent avec le courage que donne le désespoir, mais il était trop tard, et ils succombèrent. Carthage fut prise et détruite après un siège de deux ans (145 ans avant notre ère). Scipion Émilien, sur l'ordre du Sénat, y mit le feu. L'incendie dura dix-sept jours. Les flammes dévorèrent temples, magasins, arsenaux, tout. Hommes, femmes, enfants, au nombre de sept cent mille, furent dispersés. Les richesses recueillies (trente-quatre millions) furent versées dans le trésor de Rome, d'horribles imprécations furent prononcées contre quiconque proposerait de rebâtir Carthage.

Exercices oraux ou écrits

1. Quand et par qui fut fondée la ville de Carthage ?

2. Où était-elle située ?

3. De quel territoire Carthage devint-elle rapidement maîtresse ?

4. Comment les Carthaginois se servirent-ils des indigènes ?

5. N'employèrent-ils pas aussi des mercenaires comme soldats ?

6. Quelles îles et quel-

les côtes de la Méditerrannée furent conquises par les Carthaginois ?

7. Purent-ils s'emparer de la Sicile ?

8. Comment nomme-t-on les guerres qui eurent lieu entre Carthage et Rome ?

9. Quels furent les chefs qui se distinguèrent le plus dans ces guerres ?

10. Quelle fut la grande victoire remportée par Scipion l'Africain ?

11. Par qui et en quelle année Carthage fut-elle prise et détruite ?

IVᵉ LEÇON
LA DOMINATION ROMAINE

—

RÉSUMÉ

1. — Après s'être emparés du territoire de Carthage, les **Romains** conservèrent les princes africains de l'intérieur, mais en leur imposant, pour première condition d'existence, la docilité.

2. — Un de ces princes, Jugurtha, s'insurgea contre les Romains.

3. — La longue lutte que soutint Jugurtha fait songer aux insurrections arabes de nos jours.

4. — Jugurtha fut trahi et livré aux Romains par son beau-père.

5. — Après avoir été traîné au Capitole par le célèbre général romain Marius, il fut jeté dans un cachot infect où il mourut de faim après d'horribles angoisses (106 ans avant notre ère).

6. — La défaite et la mort de Jugurtha eurent pour conséquences la soumission de vastes contrées ; toutefois des milliers de nomades ne se plièrent jamais à la civilisation romaine.

7. — Les Romains restèrent maîtres du Nord de l'Afrique pendant près de cinq siècles.

8. — Carthage fut relevée, d'autres villes importantes furent bâties, et bientôt le Nord de l'Afrique fut doté de temples, de cirques, de routes, d'aqueducs, etc., dont le voyageur rencontre aujourd'hui. les débris.

9. — C'est du souvenir de la domination romaine que vient le mot **Roumis** par lequel les Arabes désignent encore les Européens.

DÉVELOPPEMENT

Mes enfants, vous savez combien nos colons français se donnent de peine pour faire fructifier le sol algérien. De sérieux résultats ont été obtenus par eux depuis cinquante ans. Mais l'Algérie est peu de chose aujourd'hui, en comparaison de ce que nous espérons qu'elle sera un jour.

Pour se faire une idée de l'avenir possible de l'Algérie, il faut connaître l'histoire des siècles passés et se rappeler, par exemple, à quel degré de prospérité ce pays était parvenu du temps des **Romains**.

Les Romains ne s'emparèrent d'abord que du territoire laissé vacant par la chute de Carthage. Ils conservèrent les princes africains de l'intérieur, mais en les sur-

veillant et en leur imposant, pour première
condition d'existence, la docilité.

Cependant un de ces princes, Jugurtha,
s'insurgea. Beau, brave, généreux, adoré
des Numides, il groupa autour de lui des
forces considérables. Jugurtha connaissait
l'armée romaine dans laquelle il avait servi
sous Scipion Émilien. Il connaissait mieux
encore les ressources qu'offrait son pays
pour une guerre défensive. La longue lutte
qu'il soutint contre les Romains fait songer aux insurrections arabes de nos jours.
Il battait la campagne avec sa cavalerie,
évitait les batailles rangées, multipliait les
escarmouches, les surprises, les petits
engagements. S'il était vaincu, il éparpil-
lait ses troupes et disparaissait dans le
sud ou dans l'ouest. La trahison mit fin à
cette résistance opiniâtre. Jugurtha fut
livré aux Romains par son beau-père. Après
avoir été traîné au Capitole par le célèbre
général romain Marius, il fut jeté dans un
cachot infect, où il mourut de faim après
d'horribles angoisses (106 ans avant notre
ère).

La défaite et la mort de Jugurtha ouvrirent aux Romains l'intérieur du pays. De vastes contrées qui n'avaient jamais obéi aux Carthaginois durent se soumettre aux nouveaux conquérants. Toutefois, au pied de l'Atlas, des milliers de nomades ne se plièrent jamais à la civilisation. Ils purent la subir pendant quelque temps, mais sans se laisser dompter par elle.

Les Romains restèrent maîtres du pays pendant près de cinq siècles. Ils y accomplirent d'admirables travaux. Vous avez entendu parler de Jules César?

— Oui, Monsieur, c'est lui qui fit la conquête de la Gaule, et c'est à lui que se rendit Vercingétorix.

— Je suis heureux de voir que vous vous rappelez mes leçons d'histoire de France. Eh bien, Jules César donna l'ordre de relever Carthage. D'autres villes importantes furent bâties. Le Nord de l'Afrique eut bientôt, comme Rome et comme l'Italie, des temples, des cirques, des routes, des aqueducs. Et ce ne fut pas seulement sur le littoral qu'on créa ces grandes choses.

Dans l'intérieur des terres, dans la région des hauts plateaux, au milieu des imposantes montagnes de l'Atlas, le voyageur rencontre encore aujourd'hui des débris d'arcs de triomphe, de forums, de prétoires, de thermes, de maisons, de tombeaux, de statues, de citernes et de murailles qui remontent aux Romains. Quel intérêt pour celui qui a étudié l'histoire de ces époques reculées, présentent ces ruines qui ont défié la puissance destructrice des siècles et qui sont les témoignages irrécusables d'une civilisation disparue !

Et remarquez qu'il n'y a pas que des ruines. Dans certaines parties de notre Algérie, des monuments tout entiers sont restés debout. Dans la vallée de la Seybouse supérieure, par exemple, on a retrouvé un aqueduc romain ; il a suffi de le déblayer, et aujourd'hui on s'en sert pour irriguer plus de cinq cents hectares. A Tébessa, toutes les maisons sont bâties en pierres romaines et, en 1842, c'était encore la monnaie romaine qui avait cours.

Du souvenir de la domination romaine

vient le mot par lequel les Arabes désignent encore maintenant les Européens.

— Paul, pourriez-vous me dire ce mot?

— Je ne sais pas, Monsieur.

— C'est le mot **Roumi.** Et, à propos de ce mot, laissez-moi terminer la présente leçon par une petite anecdote.

Un savant, M. Léon Renier, qui a exploré l'Algérie et relevé les inscriptions laissées par les Romains, copiait, un jour, une de ces inscriptions, quand un arabe s'approcha de lui et lui dit :

— Tu connais donc cette écriture?

— Oui, répondit notre éminent compatriote, je la comprends et je l'écris, car c'est la mienne aussi. Regarde, ce sont nos lettres, c'est notre langue.

— C'est vrai, fit gravement l'indigène.

Et il ajouta, s'adressant à ses compagnons :

— Les Roumis sont vraiment les fils des Romains, et lorsqu'ils ont pris ce pays, ils n'ont fait que reprendre le bien de leurs pères.

Exercices oraux ou écrits

1. Quelle fut la politique des Romains après la chute de Carthage ?

2. Comment se comportèrent les princes africains ?

3. A quoi fait songer la longue lutte que soutint Jugurtha ?

4. Par qui fut trahi et livré Jugurtha ?

5. Comment finit Jugurtha ?

6. Quelles furent les conséquences de la défaite et de la mort de Jugurtha ?

7. Combien de temps les Romains restèrent-ils maîtres du Nord de l'Afrique ?

8. Quels y furent leurs principaux travaux ?

9. D'où vient le mot **Roumis** ?

Vᵉ LEÇON

LES VANDALES ET LES BYZANTINS

—

RÉSUMÉ

1. — Après les Romains, les **Vandales,** ayant pour chef Genséric, firent la conquête du Nord de l'Afrique.

2. — Les Vandales faisaient partie des Barbares qui passèrent le Rhin en l'an 406. Ils ravagèrent la Gaule et l'Espagne, puis pénétrèrent en Afrique, espérant y trouver d'inépuisables richesses.

3. — Ils s'emparèrent de Carthage en l'an 439.

4. — Après avoir conquis les îles de la Méditerranée (Corse, Sicile, Sardaigne, Baléares), ils pillèrent les côtes de l'Italie et de la Grèce, et finalement se ruèrent sur Rome qu'ils mirent impitoyablement à sac (445).

5. — Ces résultats obtenus, ils s'amollirent rapidement sous le climat africain, et les excès de toute sorte les perdirent.

6. — L'empereur d'Orient Justinien envoya contre eux le général Bélisaire qui réussit à prendre Carthage (533) et à détruire en peu de temps l'empire Vandale.

7. — On appelait **Byzantins** les habitants de l'empire d'Orient dont la capitale était Byzance ou Constantinople.

8. — Les Byzantins ne tardèrent pas à être à leur tour battus en brèche, d'abord parce qu'ils se montrèrent d'une rapacité extraordinaire envers les vaincus, ensuite parce qu'ils persécutèrent les Ariens.

9. — On nommait Ariens les disciples d'Arius, prêtre d'Alexandrie, qui avait nié la divinité de Jésus-Christ.

10. — Les Indigènes créèrent aussi des embarras aux Byzantins en se soulevant contre eux, et les Byzantins durent faire place à la domination arabe.

DÉVELOPPEMENT

Après les Romains, les **Vandales,** ayant pour chef Genséric, firent la conquête du Nord de l'Afrique.

Mes amis, y a-t-il parmi vous quelqu'un capable de me dire ce que c'était que les Vandales ?

— Monsieur, vous nous avez parlé de ce peuple-là dans vos premières leçons d'histoire de France. Les Vandales faisaient partie des Barbares qui envahirent la Gaule en l'an 406.

— Précisément, et je vous félicite de vous souvenir qu'ils passèrent le Rhin en compagnie des Suèves, des Alains, etc. Les Vandales traversèrent la Gaule et l'Espagne, renversant tout sur leur passage et commettant d'abominables cruautés ; puis ils pénétrèrent en Afrique, avec leurs femmes et leurs enfants, espérant trouver d'inépuisables richesses sur cette terre jusqu'alors vierge d'incursions barbares.

Quand ils se furent emparés de Carthage (439) et des îles de la Méditerranée (Corse, Sicile, Sardaigne, Baléares), ils ravagèrent les côtes de l'Italie et de la Grèce, et finalement se ruèrent sur Rome qu'ils mirent impitoyablement à sac (445). Le pillage dura pendant quatorze jours et quatorze nuits. On prit tout ce qui put être emporté: or, argent, statues, étoffes, meubles, jusqu'au dôme du Capitole. Le reste fut détruit ou mutilé. Tu veux dire quelque chose, petit Georges ?

— Monsieur, je voulais vous demander si c'est pour cela que mon père traitait l'autre jour de **Vandales** les Prussiens qui, en 1870, ont bombardé nos musées et nos bibliothèques.

— Oui, mon enfant, c'est pour cela. Et il est malheureusement vrai que, pendant cette désastreuse campagne de 1870, plusieurs actes de vandalisme ont été commis par les soldats allemands.

Mais revenons aux Vandales de Genséric. Ils étaient bien rudes, bien barbares. Pourtant ils s'amollirent rapidement sous le climat africain. La bonne chère, le plaisir, le luxe, les excès de toute sorte les perdirent.

Saisissant le moment favorable, l'empereur d'Orient Justinien, qui prétendait revendiquer toutes les anciennes possessions de l'empire romain, envoya contre eux le général Bélisaire à la tête d'une armée considérable. Les Romains d'Afrique et les Indigènes ne virent pas d'abord de mauvais œil la tentative de Bélisaire. Ce dernier réussit à s'emparer de Carthage (533), et en peu de temps, l'empire Vandale fut détruit. Il n'avait duré qu'un siècle.

Cependant les **Byzantins** — on appelait

de ce nom les habitants de l'empire d'O-
rient dont la capitale était Byzance ou
Constantinople — ne tardèrent pas à être
à leur tour battus en brèche. D'abord
parce qu'ils se montrèrent d'une rapacité
extraordinaire envers les vaincus, ensuite
parce qu'ils persécutèrent les Ariens.

— Monsieur, qu'est-ce que c'était que
les Ariens ?

— On nommait ainsi les disciples d'A-
rius, prêtre d'Alexandrie, qui avait nié la
divinité de Jésus-Christ. C'était alors une
chose très grave que de ne pas croire
exactement comme l'Église romaine. On
était considéré comme hérétique, schisma-
tique, et à cause de cela on vous faisait la
guerre, on vous persécutait, quelquefois
on vous massacrait.

— Comme on a fait plus tard pour les
Albigeois.

— Et pour les protestants lors de la
Saint-Barthélemy.

— Oui, mes amis, et ce sont de bien
tristes pages de notre histoire nationale,
que ces tueries entre enfants de la même

patrie. Heureusement que ces temps-là sont loin de nous. Aujourd'hui on ne fait plus guère attention si un homme est catholique ou protestant, croyant ou non-croyant. Pourvu qu'il soit honnête, c'est tout ce qu'on réclame de lui.

Mais je m'aperçois que je m'écarte de mon sujet. Achevons ce que j'avais à vous dire des Ariens. Les persécutions religieuses les chassèrent de l'Afrique. Un historien dit que, pendant le règne de Justinien, l'Afrique perdit cinq millions d'habitants.

Joignez à cela les soulèvements des indigènes, et vous ne serez pas étonnés de voir la restauration byzantine disparaître et faire place à la domination arabe.

Exercices oraux ou écrits.

1. Après les Romains, qui fit la conquête du Nord de l'Afrique ?

2. Dites ce que vous savez sur les **Vandales ?**

3. En quelle année s'emparèrent-ils de Carthage ?

4. Quelles furent leurs autres conquêtes ?

5. Ne s'amollirent-ils pas ensuite ?

6. Quel fut le général que l'empereur d'Orient Justinien envoya contre eux ?

7. Qu'est-ce que c'était que les **Byzantins ?**

8. Les Byzantins restèrent-ils longtemps maîtres du Nord de l'Afrique ?

9. Qu'était-ce que les Ariens ?

10. Quelle fut l'attitude des indigènes vers la fin de la restauration byzantine ?

VIᵉ LEÇON

L'INVASION ARABE

—

RÉSUMÉ

1. — L'Arabie est une grande presqu'île de l'Asie ; elle est bornée à l'est par le golfe Persique, au sud par la mer des Indes, et à l'ouest par la mer Rouge.

2. — Avant Mahomet, les habitants de l'Arabie vivaient divisés en nombreuses tribus se haïssant entre elles.

3. — Mahomet sut faire accepter à toutes ces tribus une religion unique, et, grâce à cette religion, les Arabes formèrent un seul et même peuple.

4. — Mahomet était né à la Mecque en 570. Orphelin de père et de mère, il dut travailler de bonne heure pour vivre. Il mérita le surnom d'**homme sûr** et se maria à vingt-cinq ans avec une riche veuve nommée Khadidjah.

5. — Ses premiers disciples furent sa femme, son cousin Ali, son esclave Zaïd et son beau-père Abou-Bekre.

6. — La nouvelle religion prit le nom d'**Islamisme.**

7. — Mahomet dut s'enfuir à Médine pour échapper aux persécutions dont il était devenu l'objet dans sa ville natale (622).

8. — Les Mahométans ont adopté la fuite de Mahomet à Médine comme point de départ de leur ère, qu'ils désignent sous le nom d'**hégire.**

9. — Mahomet mourut à Médine, après avoir eu la satisfaction de rentrer en vainqueur à la Mecque et de voir l'Arabie convertie à l'Islamisme (732).

10. — Après sa mort, ses sectateurs entreprirent d'imposer au monde leur religion et leur domination.

11. — Les principaux chefs arabes qui envahirent le Moghreb furent Okba, qui alla jusqu'à l'Océan Atlantique, et son successeur Hassan qui, après avoir pris Carthage, vainquit les montagnards de l'Aurès ayant à leur tête la **Kahina** ou prophétesse (708).

12. — L'Afrique septentrionale se trouva alors divisée en trois provinces : l'**Ifrikia,** capitale Kairouan ; le **Moghreb central,** capitale Tlemcen, et le **Moghreb occidental,** capitale Fez.

DÉVELOPPEMENT

Les Arabes, vous le savez, sont originaires de l'Arabie. Charles, veuillez chercher l'Arabie sur la sphère et nous dire dans quelle partie du monde elle se trouve.

— Monsieur, l'Arabie est une grande presqu'île de l'Asie ; elle est bornée à l'est par le golfe Persique, au sud par la mer des Indes, et à l'ouest par la mer Rouge.

— J'ajouterai que c'est une contrée sablonneuse, brûlante et presque absolument dépourvue d'eau. Un vent terrible, le **simoun,** y souffle et y cause des ravages effrayants.

Longtemps les habitants de l'Arabie vécurent divisés en nombreuses tribus se haïssant entre elles. Leur énergie, leur bravoure, leur ardeur se dépensaient en querelles et en luttes intestines. Mais un homme vint qui sut faire accepter à toutes ces tribus une foi commune, une religion unique. Grâce à cette religion, les Arabes formèrent un seul et même peuple.

Vous connaissez tous, n'est-ce pas, le nom du grand homme dont je veux parler?

— Oui, Monsieur, il s'appelait Mahomet.

— Très bien. Mahomet se disait prophète, envoyé d'Allah. Nous lui contestons ces titres, mais nous ne pouvons lui contester sa féconde imagination et son puissant génie.

Il était né à la Mecque en 570, d'une famille pauvre qui prétendait descendre, en ligne directe, d'Ismaël, fils d'Abraham. Orphelin de père et de mère, il dut se plier très jeune à la grande loi du travail. A vingt-cinq ans, il avait mérité, par la régularité de sa conduite, le surnom d'**homme sûr**. Ce fut à cet âge qu'il se maria avec une riche veuve nommée Khadidjah.

De vingt-cinq à quarante ans, Mahomet se prépare secrètement à accomplir l'œuvre qu'il a rêvée. Il en parle enfin à sa femme, à son cousin Ali, à son esclave Zaïd, et à son beau-père Abou-Bekre. La religion nouvelle s'appellera **Islamisme**, d'un mot arabe qui veut dire **abandon à Dieu**.

Mais il est un vieux proverbe qui dit : Nul n'est prophète dans son pays. Je ne vous entretiendrai donc ni des difficultés qu'eut à vaincre Mahomet, ni des persécutions dont il fut l'objet. On alla jusqu'à lui jeter publiquement des pierres, jusqu'à tenter de se défaire de lui par la violence. Ne se trouvant plus en sûreté dans sa ville natale, il s'enfuit à Médine (622).

Les Mahométans ont fait de cette époque le point de départ de leur ère, qu'ils désignent sous le nom d'**hégire** ou **fuite**.

Médine reconnut Mahomet comme prophète et comme souverain, ce qui lui permit de commencer immédiatement cette guerre de conquêtes, qui devait prendre des proportions si extraordinaires. Dans ses dernières années, il eut la satisfaction de rentrer en vainqueur à la Mecque, et de voir l'Arabie entière convertie à l'islamisme. Il mourut à Médine en 632, et c'est dans cette ville qu'est son tombeau.

Telle est, mes enfants, le résumé de l'histoire de Mahomet. Après sa mort, ses sectateurs entreprennent d'imposer au monde leur religion et leur domination. Sobres, braves, ardents, disposés par tempérament à l'action prompte ou au repos absolu, ils ne voient que le but et y courent tout droit. Leur cri de guerre est : **La Allah**

ill'Allah, Mohammed rassoul Allah; ce
qui signifie : **Il n'y a de Dieu que Dieu,
et Mahomet est son prophète.** Leur règle
est le Coran. « Les croyants sont tous frères, dit le Coran. O croyants ! ne vous liez
point avec les Chrétiens et les Juifs. Malheur au Musulman qui reste à son foyer
plutôt que d'aller combattre ! » Pénétrés
de cette doctrine, ils se lancent, le cime-
terre au poing, dans toutes les directions.

Ami Paul, dites-moi quel est le pays qui
se trouve à l'ouest de l'Arabie.

— C'est l'Égypte, Monsieur ; elle en est
seulement séparée par le canal de Suez.
Mais dans ce temps-là le canal n'existait
pas.

— Vous avez raison, mon garçon, le
canal n'existe que depuis une vingtaine
d'années. C'est à un Français, M. de Les-
seps, qu'on le doit. Eh bien, l'Égypte fut
rapidement conquise. Puis les envahis-
seurs portèrent leurs armes dans tout le
Moghreb. Leur chef Okba ne s'arrêta que
devant l'Océan Atlantique. Il poussa même
son cheval dans les flots, en s'écriant avec

un enthousiasme sauvage : « Grand Dieu, si cette mer ne m'arrêtait, j'irais dans les contrées éloignées combattre pour ta religion et tuer tous ceux qui ne croient pas à ton existence ou qui adorent d'autres dieux que toi ! »

Okba eut pour successeur Hassan, qui prit Carthage ; mais les montagnards de l'Aurès, encouragés et dirigés par une femme, la **Kahina** ou prophétesse, lui firent longtemps échec. La Kahina ne succomba qu'au bout de cinq ans, en 708.

L'Afrique septentrionale se trouva alors divisée en trois provinces : l'**Ifrikia**, correspondant à peu près à la Tunisie actuelle ; le **Moghreb central**, correspondant à notre Algérie, et le **Moghreb occidental**, correspondant à l'empire du Maroc.

Les villes de Kairouan dans l'Ifrikia, de Tlemcen dans le Moghreb central, et de Fez dans le Moghreb occidental, furent successivement et simultanément des capitales de royaumes.

Avec quelle émotion le savant, le touriste visitent aujourd'hui ces antiques capitales d'empires disparus ! Pour ne parler que de Tlemcen, que de choses splendides y rencontre le voyageur ! Du haut de ses promenades et de ses minarets se déroule le spectacle grandiose de ruines gigantesques mêlées à une véritable forêt d'oliviers. Là sont quelques-unes des plus admirables mosquées et quelques-uns des plus imposants débris du moyen-âge musulman.

Exercices oraux ou écrits.

1. Où est située l'Arabie ?

2. Comment vivaient les habitants de l'Arabie avant Mahomet ?

3. Quelle fut l'œuvre de Mahomet ?

4. Que savez-vous sur la jeunesse de Mahomet ?

5. Quels furent ses premiers disciples ?

6. Quel nom prit la nouvelle religion ?

7. Mahomet resta-t-il à la Mecque ?

8. Quel est le point de départ de l'ère musulmane ?

9. Où mourut Mahomet ?

10. Que firent ses sectateurs après sa mort ?

11. Citez les noms des principaux chefs arabes qui envahirent le Moghreb ?

12. Comment se trouva alors divisée l'Afrique septentrionale ?

VIIᵉ LEÇON
L'ALGÉRIE SOUS LES TURCS

—

RÉSUMÉ

1. — A la fin du XVᵉ siècle, les États musulmans de l'Afrique septentrionale étaient en pleine décadence.

2. — Les Portugais étaient maîtres de Ceuta et de Tanger sur l'Océan Atlantique, les Espagnols d'Oran, de Bougie et de Tripoli sur la Méditerranée.

3. — Les Indigènes reconnaissaient la suzeraineté du roi de Castille, auquel ils payaient un tribut.

4. — Le cardinal Ximénès, ministre espagnol, avait conçu le projet de fonder en Afrique un grand établissement militaire.

5. — Alors deux frères, deux hardis pirates, Aroudj et Khéreddine, l'un et l'autre surnommés Barberousse, firent changer la face des choses en organisant le pillage dans la Méditerranée et en se déclarant sujets du puissant sultan des Turcs de Constantinople.

6. — Les pirates barbaresques s'attaquaient aux navires de commerce, pillaient la cargaison, saisis-

saient matelots et passagers, et emmenaient le tout
en Afrique.

7. — Ils vendaient leurs prisonniers à la criée.

8. — Les plus célèbres de ces prisonniers furent
l'espagnol Cervantès, l'immortel auteur de **Don
Quichotte,** et le poète français Regnard.

9. — Quand l'empereur Charles-Quint s'empara
de Tunis, en 1435, il n'y trouva pas moins de vingt
mille captifs.

10. — Quelques années plus tard, en 1541, il
échoua devant Alger, où il perdit sa flotte et presque
toute son armée.

11. — Sous Louis XIV, les amiraux Duquesne et
d'Estrées bombardèrent Alger, le premier en 1682,
le second en 1688.

12. — Ces bombardements furent suivis d'épouvantables représailles.

13. — Il était réservé à la France de mettre fin
à un état de choses qui révoltait la conscience de
l'Europe et qui fait encore aujourd'hui l'étonnement de l'histoire.

DÉVELOPPEMENT

L'autre jour, pendant que je vous faisais
la leçon, j'ai entendu Charles qui chucho-
tait à l'oreille de son voisin : « Tout cela
est bel et bon, mais je préférerais qu'on

nous racontât la prise d'Alger, les guerres contre Abd-el-Kader, en un mot la conquête de l'Algérie par la France. »

Je m'explique le sentiment qui faisait parler ainsi l'ami Charles, dont le père a fait les campagnes d'Afrique. Pourtant lui-même que dirait-il si, à propos de la construction d'une maison, un de ses camarades lui tenait ce langage : « Les fondations, c'est excellent ; mais moi j'aimerais mieux qu'on bâtit d'abord le toit. » Évidemment Charles se moquerait de son interlocuteur, et il aurait raison.

Eh bien ! mes enfants, pour l'histoire d'un pays, il faut procéder comme pour la construction d'une maison. J'ai tenu à vous rappeler cela au commencement de cette leçon qui est ma dernière sur l'Algérie dans le passé, et je suis persuadé que vous allez, comme toujours, m'accorder toute votre attention.

A la fin du quinzième siècle, les États musulmans de l'Afrique septentrionale sont en pleine décadence. Les Portugais sont maîtres de Ceuta et de Tanger sur l'Océan Atlantique, les Espagnols d'Oran, de Bougie et de Tripoli sur la Méditerranée. Dans le port d'Alger, ces derniers bâtissent un fort ou **peñon** que les habitants de la ville considèrent « comme une épine plantée dans leur cœur. » Les Indigènes reconnaissent la suzeraineté du roi de Castille et lui paient un tribut. Un ministre espagnol, le cardinal Ximénès, rêve de fonder, de l'autre côté de la Méditerranée, un grand établissement militaire.

Mais en 1518, deux frères, deux hardis pirates, Aroudj et Khéreddine, l'un et l'autre surnommés Barberousse, font changer la face des choses.

Pleins d'intelligence et d'audace, ils réussissent à se rendre maîtres d'Alger et de Tunis, et font de ces deux villes les centres du pillage qu'ils ont organisé dans toute la Méditerranée.

Pour régulariser leur usurpation et pour être, le cas échéant, soutenus contre leurs voisins et surtout contre les Espagnols, ils se déclarent sujets du puissant sultan des Turcs de Constantinople.

Dès lors la Méditerranée n'offre plus de sécurité. Elle est constamment sillonnée par des vaisseaux légers, des felouques aux voiles pointues montées par de véritables bandits. Y a-t-il parmi vous quelqu'un qui se souvienne de l'histoire des anciens Normands ?

— Oui, Monsieur ; ils avaient des chefs appelés **rois de mer,** et ils firent beaucoup de mal à la France sous les successeurs de Charlemagne.

— Eh bien, mes enfants, c'est aux anciens Normands que vous pouvez comparer les corsaires qui partaient d'Alger, de Tunis et de tous les petits ports du littoral sud de la Méditerranée, pour se répandre sur les côtes d'Espagne, de France et d'Italie. Mais, tandis que les Normands remontaient le plus souvent les fleuves et pénétraient fort avant dans l'intérieur des terres, les pirates barbaresques — c'est ainsi qu'on les nommait — s'attaquaient de préférence aux navires de commerce. Ils pillaient la cargaison, saisissaient matelots et passagers, et emmenaient le tout en

Afrique. Qui saura jamais les souffrances dont fut alors témoin notre côte algérienne, aujourd'hui si hospitalière !

Les infortunés qui tombaient entre les mains de ces écumeurs de mer étaient traités en esclaves. On les vendait à la criée. Le prix était peu élevé, s'il s'agissait d'hommes du peuple ou de paysans ; il était considérable, si l'on croyait avoir affaire à des prisonniers issus de familles riches ou illustres, parce qu'alors on espérait tirer d'eux une forte rançon. Je ne puis passer sous silence le nom de deux de ces prisonniers, célèbres entre tous : l'un fut l'espagnol Cervantès, l'immortel auteur de **Don Quichotte** ; l'autre fut le poète français Regnard. En 1535, quand Charles-Quint, roi d'Espagne et empereur d'Allemagne, s'empara de Tunis, il n'y trouva pas moins de vingt mille captifs.

Je viens de prononcer le nom de Charles-Quint. Son empire était immense, à tel point qu'on pouvait dire que le soleil ne s'y couchait pas ; l'Europe tremblait devant lui ; un roi de France, qui était loin d'avoir toutes les qualités, mais qui à coup sûr était vaillant, avait été son prisonnier. Et pourtant l'empereur Charles-Quint, en 1541, échoua devant Alger. Des pirates lui infligèrent cette humiliation. Le mauvais temps aidant, il perdit sa flotte, presque toute son armée, trop heureux de pouvoir lui-même échapper au désastre.

Ce que Charles-Quint avait tenté en personne, un des plus puissants rois de France, Louis XIV, le fit tenter par ses amiraux. L'amiral Duquesne vint bombarder Alger (1682). Si l'effet fut terrible, les représailles furent atroces. Le consul de France et vingt-deux autres Français furent placés à la bouche des canons et suppliciés de la façon la plus abominable.

Quelques années plus tard, un autre amiral de Louis XIV, d'Estrées, parut devant Alger (1688). Un nouveau bombardement eut lieu. De dix mille maisons que comptait la ville, huit cents seulement restèrent debout. Ces ravages furent suivis de nouvelles représailles de la part des

Algériens qui massacrèrent quarante-trois Français, parmi lesquels le consul.

Ainsi, mes enfants, vous voyez que, du XVIe au XIXe siècle, la capitale actuelle de l'Algérie ne fut autre chose qu'un nid de forbans, un ramassis d'aventuriers, un repaire de malfaiteurs. Il était réservé à la France, notre patrie bien-aimée, de mettre fin à un état de choses qui révoltait la conscience de l'Europe et qui fait encore aujourd'hui l'étonnement de l'histoire.

Exercices oraux ou écrits.

1. Quelle était la situation des États musulmans de l'Afrique septentrionale, à la fin du XVe siècle ?

2. De quelles villes du Moghreb les Portugais et les Espagnols étaient-ils maîtres ?

3. De qui les Indigènes reconnaissaient-ils la suzeraineté ?

4. Quel projet avait conçu le cardinal Ximénès ?

5. Dites ce qui fit changer la face des choses ?

6. Comment procédaient les pirates barbaresques ?

7. Que faisaient-ils de leurs prisonniers ?

8. Citez les plus célèbres de ces prisonniers.

9. Combien y avait-il de captifs à Tunis, quand

l'empereur Charles-Quint s'en empara ?

10. Réussit-il à prendre Alger ?

11. Quels furent, sous Louis XIV, les amiraux français qui bombardèrent Alger ?

12. Ces bombardements ne furent-ils pas suivis de représailles ?

13. A qui était-il réservé de mettre fin à un état de choses si odieux ?

FIN DE LA PREMIÈRE PARTIE

DEUXIÈME PARTIE
L'ALGÉRIE CONTEMPORAINE

VIIIᵉ LEÇON
CAUSES DE L'EXPÉDITION D'ALGER

—

RÉSUMÉ

1. — Il faut étudier l'histoire de l'Algérie, d'abord parce qu'elle constitue une page glorieuse de notre histoire nationale, ensuite parce que nous avons pour devoir de bien connaître notre jeune France africaine, afin de bien l'aimer.

2. — Le dey d'Alger s'appelait Hussein ; il régnait sur le pays depuis 1818.

3. — Pour un droit de pêche que la France avait à la Calle, port situé près de la Tunisie, Hussein

réclama au gouvernement de Charles X la somme de deux millions et demi.

4. — Ne recevant aucune réponse, le dey se considéra comme outragé, et, le 27 avril 1827, donna trois coups d'éventail au consul français Deval, qui s'était rendu à son audience.

5. — Pour obtenir réparation de cet affront, la France envoya une division navale bloquer Alger.

6. — En 1829, le dey, au mépris du droit des gens, canonna le vaisseau de l'amiral La Bretonnière, sortant du port d'Alger sous pavillon parlementaire.

7. — En présence de ce nouveau défi, la France décida qu'une expédition contre Alger aurait lieu.

8. — L'amiral Duperré eut le commandement de la flotte; le ministre de la guerre Bourmont se réserva celui de l'armée, avec la haute direction de l'entreprise.

9. — La flotte, composée de plus de cinq cents navires de toute dimension, montés par vingt-sept mille cinq cents marins et trente-sept mille soldats, partit de la rade de Toulon le 25 mai 1830.

DÉVELOPPEMENT

Mes enfants, maintenant que vous avez quelques notions sur l'Algérie dans le passé, nous allons, si vous le voulez bien, en aborder l'histoire depuis le jour où les

troupes du roi Charles X, plus heureuses
que celles de l'empereur Charles-Quint,
entrèrent triomphalement dans Alger.

Cette histoire, qui ne comporte guère
qu'une période d'un demi-siècle, doit vous
être enseignée. Il faut que vous sachiez au
prix de quels efforts, de quels sacrifices
nous avons conquis ce pays. Il faut vous
faire le récit des marches et des contre-
marches, des combats héroïques, des Arabes enfumés ou mitraillés, des Français
décapités ou mutilés, en un mot de cette
mêlée gigantesque qui dura dix-sept ans.

Et puis il faut vous dire comment nos
rudes colons ont travaillé à assainir le sol,
à le mettre en valeur, à transformer certaines plaines meurtrières en campagnes
salubres. Il faut vous inspirer un profond
respect et une vive reconnaissance pour
ces vaillants ouvriers de la première heure,
dont beaucoup sont morts à la peine, dé-
vorés par la fièvre ou par la nostalgie,
frappés par le fusil du Kabyle ou le yatagan de l'Arabe.

Oui, il faut faire tout cela! D'abord parce

que l'histoire de l'Algérie constitue une page glorieuse de notre histoire nationale, qu'il n'est permis à aucun de nous d'ignorer ; ensuite parce que, les uns et les autres, nous avons pour devoir de bien connaître notre jeune France africaine, afin de bien l'aimer.

Mais je m'aperçois que vous me comprenez à demi-mot, et qu'il serait superflu d'insister. Aussi vais-je, sans autre préambule, vous narrer ce qui doit faire l'objet de la présente leçon, c'est-à-dire vous exposer les causes de l'expédition d'Alger.

Depuis longtemps nous avions des démêlés avec le dey d'Alger, qui s'appelait Hussein, et qui régnait sur le pays depuis 1818. Paul, veuillez me chercher, sur votre carte d'Algérie, un port nommé La Calle, et me dire où il se trouve.

— Dans le département de Constantine, Monsieur, et près de la Tunisie.

— C'est cela. Eh bien ! mon garçon, dans ce port, qui est très ancien, la France possédait, avant 1830, un droit de pêche. Aujourd'hui encore, sous la surveillance d'un bâtiment de l'État, des centaines de bateaux français ou italiens y viennent prendre du corail dans la belle saison. Or, pour ce droit de pêche, le dey Hussein nous réclamait un tribut exorbitant. Il se prétendait notre créancier, et il somma le gouvernement du roi Charles X de lui payer la somme de deux millions et demi.

Le gouvernement ne lui ayant fait aucune réponse, Hussein se considéra comme outragé, et, à son audience solennelle du 27 avril 1827, il dit à notre consul Deval :

— Pourquoi votre ministre n'a-t-il pas répondu à la lettre que je lui ai écrite ? Suis-je un manant, un homme de boue, un va-nu-pieds. C'est vous qui avez insinué de ne pas m'écrire. Vous êtes un méchant, un infidèle, un idolâtre.

Et, se levant de son siège, il donna au représentant de la France trois coups de son éventail.

Pour obtenir réparation de cet affront, une division navale vint bloquer Alger. Mais le blocus, qui coûta, en trois ans, vingt millions à notre marine, était inefficace. Le dey s'en inquiétait peu. Il prenait notre patience pour de la crainte, et, en 1829, il dit à l'amiral La Bretonnière qui tentait une conciliation impossible :

— J'ai de la poudre et des canons, et puisqu'il n'y a pas moyen de s'entendre, vous pouvez vous retirer.

Le lendemain, le vaisseau La Bretonnière, sortant du port sous pavillon parlementaire, était assailli par une grêle de boulets partie des forts, et les habitants s'associaient par des cris sauvages à cet acte d'audacieux défi.

La Bretonnière, grâce à son sang-froid, put se tirer d'affaire. Mais cette fois la mesure était comble, et, dans les premiers jours de 1830, une expédition contre Alger fut décidée.

L'amiral Duperré eut le commandement de la flotte ; le ministre de la guerre Bourmont se réserva celui de l'armée, avec la haute direction de l'entreprise.

Petit Georges, devine combien on employa de navires de toute dimension pour transporter en Afrique les soldats, le matériel, les chevaux et les vivres nécessaires?

— Je ne sais pas, Monsieur, mais je crois bien qu'on a dû en employer plus de cent.

— Oui, plus de cent, mon enfant, et même plus de cinq cents. Ces cinq cents et quelques navires quittèrent la rade de Toulon, le 15 mai 1830, par un temps superbe. Ils emmenaient avec eux vingt-sept mille cinq cents marins et trente-sept mille soldats. Pleins d'émotion et d'espérance étaient les cœurs de ceux qui, des hauteurs de la rade, virent s'éloigner et disparaître à l'horizon cette armée à laquelle, quarante jours plus tard, Alger devait ouvrir ses portes.

Exercices oraux ou écrits.

1. Pourquoi faut-il étudier l'histoire de l'Algérie ?

2. Comment s'appelait le dernier dey d'Alger, et depuis quelle année régnait-il sur le pays ?

3. Quels démêlés le gouvernement de Charles X eut-il avec le dey ?

4. A quel acte de violence se livra le dey sur la personne du consul français Deval ?

5. Que fit la France pour obtenir réparation

de l'affront fait à son représentant ?

6. Quelle fut la con-
duite du dey à l'égard de
l'amiral La Bretonnière ?

7. Que décida la Fran-
ce en présence du nou-
veau défi du dey ?

8. Quels furent les chefs
de l'expédition contre Alger ?

9. De quel rade et à
quelle date partit la flotte ?

IXᵉ LEÇON

LA PRISE D'ALGER

—

RÉSUMÉ

1. — La flotte française commença à découvrir les maisons blanches d'Alger dans la matinée du 13 juin.

2. — Elle débarqua à la presqu'ile de Sidi-Ferruch, située à l'ouest d'Alger, le 14 juin.

3. — La première bataille engagée fut celle de Staouéli, qui eut lieu le 19 juin, et dans laquelle nos troupes réussirent à repousser l'ennemi et à rester maîtresses du plateau où les Arabes et les Turcs s'étaient retranchés.

4. — Le 24 juin eut lieu le combat de Sidi-Khalef, où périt le fils du général Bourmont.

5. — Le 28 juin, au moment où il nettoyait ses armes, un bataillon du 4ᵉ léger fut surpris par les Arabes qui lui tuèrent cent vingt hommes.

6. — Le 4 juillet, nos soldats s'emparèrent du fort l'Empereur, qui était la principale défense d'Alger. Une fois le fort en notre pouvoir, la défense ne fut plus possible pour le dey qui dut se résigner à subir les conditions du vainqueur.

7. — La résidence du dey était la Casba, citadelle située à un kilomètre du fort l'Empereur, et comprise dans un mur d'enceinte crénelé.

8. — Le trésor du dey, qui s'élevait à cinquante millions, servit à payer les frais de l'expédition.

9. — C'est le 5 juillet que l'armée française fit son entrée victorieuse dans Alger.

10. — Le dey dut s'embarquer, le 10 juillet, pour l'exil. Il sut conserver dans l'adversité un calme, une fierté, une dignité qui frappèrent ses vainqueurs.

DÉVELOPPEMENT

Mes enfants, vous sentez qu'il y a dans le fait que je vais vous raconter quelque chose de glorieux pour les armes françaises, et vos jeunes cœurs, déjà initiés au patriotisme, vous inspirent un redoublement d'attention. Je vous en félicite et vous en remercie.

C'est le 13 juin, au matin, que la flotte française commença à découvrir les maisons blanches d'Alger. Les Algériens croyaient être attaqués du côté de l'est; c'est, au contraire, à la presqu'île de Sidi-Ferruch, située à l'ouest d'Alger, que le débarquement eut lieu, le 14 juin.

On ne perdit pas de temps. Dès qu'elles eurent mis pied à terre, les troupes se formèrent en bataille et allèrent de l'avant. Les Arabes et les Turcs s'étaient retranchés sur le plateau de Staouéli.... Charles, vous voulez dire quelque chose ?

— Monsieur, j'ai lu, dans la géographie de papa, qu'il y a aujourd'hui une abbaye à Staouéli, est-ce vrai ?

— Oui, ami Charles, une abbaye de Trappistes. Les Trappistes sont des religieux qui suivent une règle très dure. Et puisque vous m'avez interrompu pour parler de la Trappe de Staouéli, j'ouvre une parenthèse pour vous dire que c'est là qu'est conservé le bureau sur lequel fut signée la capitulation d'Alger. Mais n'anticipons pas.

Pour en revenir à Staouéli, nos troupes y soutinrent, le 19 juin, une furieuse et sanglante attaque. Grâce à leur tactique et à leur discipline, elles réussirent à repousser l'ennemi et à rester maîtresses du plateau.

La bataille de Staouéli fut décisive. Elle nous ouvrit le pays, affermit la confiance de nos soldats et nous donna un grand prestige auprès des Musulmans.

A Alger, la nouvelle de cette victoire causa une grande consternation. Le dey entra dans une violente colère. Les habitants couraient dans les rues comme des fous. Quelques-uns demandaient si l'on allait tuer tous les Mahométans.

Si, profitant de cette panique, l'armée eût immédiatement marché sur Alger, la ville était prise; mais le général Bourmont crut devoir attendre les chevaux et la grosse artillerie, qui n'étaient pas encore arrivés. Cela permit aux Algériens de se remettre et de reprendre courage.

Le 24 juin eut lieu le combat de Sidi-Khalef, où périt un des fils du général Bourmont; le 28, un bataillon du 4e léger fut surpris au moment où il nettoyait ses armes; cent vingt hommes de ce bataillon furent égorgés, sabrés, décapités par les Arabes.

De Sidi-Ferruch à Alger la distance est

de vingt-cinq kilomètres. L'armée arriva bientôt devant cette ville et devant le fort l'Empereur, qui en était la principale défense. En même temps qu'elle installait ses batteries contre ce fort, le canon de la flotte portait le trouble et l'effroi dans la place.

Le 4 juillet, à quatre heures du matin, les batteries de l'armée de terre commencèrent à tirer. Les Turcs se défendirent avec courage. Quand leurs canonniers tombaient, d'autres les remplaçaient aussitôt. Mais, au bout de quelques heures, leur situation ne fut plus tenable. Beaucoup fuirent vers la Casbah, citadelle située à un kilomètre du fort et comprise dans un mur d'enceinte crénelé. Déjà l'ordre était donné de battre en brèche, quand, soudain, une explosion épouvantable retentit. C'était la tour ronde, élevée au milieu du fort l'Empereur et servant de magasin à poudre, qu'on venait de faire sauter. Des débris de toute sorte, d'armes, de poutres, de pierres, de cadavres, vinrent tomber parmi nos soldats. Ceux-ci occupèrent rapidement les ruines du fort, y établirent des batteries, et se préparèrent à foudroyer la Casba et la ville.

Le fort l'Empereur en notre pouvoir, c'en était fait d'Alger. Vainement, le dey voulut prolonger la résistance ; vainement, il menaça de faire sauter la Casba et la ville ; la population, affolée de peur, se tourna elle-même contre lui, et il dut se résigner à subir les conditions du vainqueur.

Ainsi, mes enfants, en vingt jours, l'armée française avait défait l'ennemi dans deux batailles décisives, à Staouéli et à Sidi-Khalef, l'avait repoussé dans un grand nombre d'engagements partiels, et lui avait pris sa capitale, contre laquelle avaient échoué Charles-Quint et les amiraux de Louis XIV. En vingt jours elle avait détruit la puissance des Turcs en Algérie, et mis fin aux pirateries qui révoltaient l'Europe depuis trois siècles.

Le trésor du dey, qui s'élevait à cinquante millions, servit à payer les frais de l'expédition.

Petit Georges, retiens bien la date du 5 juillet 1830. C'est une date mémorable, car c'est celle où l'armée française entra victorieuse dans Alger.

Et maintenant, mes chers enfants, comme il faut rendre justice même à ses ennemis, je ne veux pas terminer cette leçon sans ajouter que le vieux dey Hussein sut conserver dans l'adversité un calme, une fierté, une dignité qui frappèrent vivement ses vainqueurs.

— J'ai été toujours convaincu, dit-il, de la justice de ma cause, mais je reconnais que je m'étais trompé, puisque j'ai été vaincu. Je dois me résigner à la volonté de Dieu. On m'a représenté comme un homme cruel et féroce : que l'on consulte mes sujets, et surtout les plus pauvres, et l'on aura la preuve du contraire. Je vous les recommande.

Le 10 juillet, il dut s'embarquer pour l'exil. Quand il se vit seul avec sa famille sur le navire qui devait le transporter à Naples, il sentit amèrement l'immensité de sa chute, et, tournant de douloureux regards sur cette Casba où, pendant douze ans, il avait commandé en maître absolu, il baissa la tête, s'enveloppa de son burnous, et se mit à pleurer.

Exercices oraux ou écrits.

1. A quelle date la flotte française arriva-t-elle en vue d'Alger ?

2. Où débarqua-t-elle ?

3. Quelle fut la première bataille engagée ?

4. Quel combat eut lieu le 24 juin ?

5. Qu'arriva-t-il, le 28 juin, à un bataillon du 4e léger ?

6. Comment s'effectua la prise d'Alger ?

7. Quelle était la résidence du dey ?

8. A quoi servit le trésor du dey ?

9. A quelle date l'armée française fit-elle son entrée victorieuse dans Alger ?

10. Que devint le dey ?

Xe LEÇON
LES DÉBUTS DE LA CONQUÊTE

—

RÉSUMÉ

1. — C'est le drapeau blanc qui avait été arboré, le 5 juillet 1830, sur la Casba.

2. — Ce drapeau fut remplacé par le drapeau tricolore, le 17 août, le lendemain du jour où Charles X dut s'embarquer pour un dernier exil.

3. — A Charles X, roi de France, avait succédé Louis-Philippe Ier, roi des Français.

4. — Le nouveau gouvernement paraissait ne pas avoir de projets bien arrêtés en ce qui concernait l'Algérie.

5. — Les gouverneurs de province, que le dey d'Alger avait sous ses ordres, portaient le titre de beys.

6. — Il y avait un bey à Constantine, un autre à Médéa, chef-lieu de la province de Titteri, au sud d'Alger, un troisième à Oran.

7. — Hassan, bey d'Oran, après l'occupation de cette ville par le général Damrémont, le 4 janvier 1831, partit pour la Mecque, où il mourut.

8. — Bou-Mezrag, bey de la province de Titteri,

se soumit d'abord, puis menaça Bourmont d'aller l'attaquer avec deux cent mille hommes, et finalement se constitua prisonnier entre les mains du général Clauzel, devant lequel il se prosterna en demandant grâce.

9. — Quant à Ahmed, bey de Constantine, bien que sa destitution eût été prononcée en 1830, il n'en continua pas moins à régner longtemps encore.

10. — En 1833, la situation était tellement compromise, qu'Alger était menacé et qu'Oran, Bougie, Bône, etc., étaient des possessions plus nominales que réelles.

11. — Dans cette même année 1833 parut Abd-el-Kader, qui, pendant douze ans, tint tête à la France.

DÉVELOPPEMENT

Le drapeau qu'on avait arboré, le 5 juillet 1830, sur la Casba était le drapeau blanc, c'est-à-dire le drapeau de la restauration ou de la royauté dite de droit divin ; mais cette royauté-là, qui nous était revenue en 1815 dans les fourgons de l'étranger, était très impopulaire. Je dois même dire, mes enfants, que beaucoup de Français avaient accueilli avec indifférence, sinon avec méfiance, l'expédition d'Alger, croyant qu'elle était entreprise par le gouvernement de Charles X pour faire diversion au mécontentement public. Quand le vieux roi, qui était, comme vous le savez, frère de Louis XVI, apprit le succès remporté en Afrique par son armée, il songea à profiter de cette victoire pour ressaisir ce qu'il appelait les prérogatives de sa couronne. En conséquence, il signa, en conseil des ministres, les fameuses **Ordonnances** qui devaient soulever le peuple de Paris.

La première de ces Ordonnances suspendait la liberté de la presse, la seconde déclarait la Chambre des députés dissoute, la troisième changeait le système électoral, en le restreignant presque exclusivement aux grands propriétaires. C'était engager une lutte insensée contre la nation. Les trois journées des 27, 28 et 29 juillet suffirent pour renverser Charles X, qui dut s'embarquer à Cherbourg, le 16 août, pour un nouvel exil.

Le lendemain du jour où cet ancien émigré quittait à tout jamais le territoire fran-

çais, le drapeau tricolore remplaçait sur
la Casba le drapeau blanc qu'y avait planté
Bourmont. La royauté des fleurs de lis
avait fait place à la royauté du coq gaulois.
A Charles X, roi de France, avait succédé
Louis-Philippe Ier, roi des Français.

Qu'allait faire le nouveau gouvernement
en ce qui concernait l'Algérie? On ne le
savait pas. Lui-même paraissait ne pas
le savoir. Allait-on conquérir tout le pays,
en occuper seulement une partie, ou l'éva-
cuer entièrement? On hésitait, on passait
d'une alternative à l'autre, et rien n'était
plus funeste.

J'ai oublié de vous dire, mes enfants, que
le dey d'Alger avait sous ses ordres des
beys ou gouverneurs de province. Il y avait
le bey de Constantine, le bey de la province
de Titteri, dont le chef-lieu était Médéa, au
sud d'Alger, et le bey d'Oran.

Le dernier bey d'Oran s'appelait Hassan.
A la nouvelle de la prise d'Alger, il
sollicita la protection de l'autorité française. Le général Damrémont occupa Oran,
le 4 janvier 1831. Trois jours après,

Hassan faisait route pour la Mecque, où il mourut.

Comme le bey d'Oran, le bey de la province de Titteri, Bou-Mezrag, reconnut d'abord l'impossibilité de continuer la lutte et se soumit à nous ; mais il n'était pas de bonne foi. Au bout de quelque temps, il écrivit à Bourmont : « Dans peu de jours, je serai sous les murs d'Alger avec deux cent mille hommes ; et c'est sur la plage orientale que j'attaquerai l'armée française, si elle m'ose attendre. » Il lui fut répondu que l'armée française l'attendait avec impatience, lui et ses « deux cent mille hommes », et que, s'il tardait à se présenter, on irait le trouver et le châtier de sa trahison. Le général Clauzel, qui succéda à Bourmont, eut raison de ce bey fanfaron et parjure. Bou-Mezrag, en effet, dut se constituer prisonnier de guerre. Lui, naguère si hautain et si arrogant, se prosterna et demanda grâce.

— « Tu ne mérites pas de grâce, lui dit Clauzel, car tu as trahi tes serments.

— C'est vrai, répartit Bou-Mezrag, j'ai

commis une grande faute ; mais cette faute ne t'a-t-elle pas procuré la gloire de me vaincre sur l'Atlas et de planter tes drapeaux triomphants sur les cimes les plus élevées de nos montagnes ? »

Cette habile réponse lui valut son pardon ; mais le général le remplaça par un autre bey, Ben-Omar, qui était dévoué à la France.

Quant à Ahmed, bey de Constantine, bien que sa destitution eût été prononcée en 1830, il n'en continua pas moins à régner longtemps encore. C'était un chef intelligent et énergique, dont je vous reparlerai plus tard à propos de la prise de Constantine.

En 1833, le manque de résolution du gouvernement, les tâtonnements, les changements de chefs, les complications politiques, et puis — il faut avoir la franchise de l'avouer — quelques désordres partiels, conséquences du relâchement de la discipline, avaient tellement compromis la situation, qu'Alger était menacé, et qu'Oran, Bougie, Bône, etc., étaient des possessions plutôt nominales que réelles.

Dans cette année 1833, parut un jeune musulman d'un grand mérite et d'une rare bravoure, qui, pendant douze ans, sans ressources régulières, sans armée véritable, tint tête à la France. Paul, vous savez certainement le nom du chef dont je veux parler ?

— Oh ! oui, Monsieur, j'ai son portrait à la maison ; c'est Abd-el-Kader.

— Abd-el-Kader, mes enfants, est mort en 1883, à Damas, en Syrie. Il a d'abord fait beaucoup de mal à la France, puis il est devenu pour elle un sincère ami. Lors des massacres de Damas, en 1860, il nous a témoigné sa fidélité, en sauvant des milliers de chrétiens du poignard musulman.

Quand on rencontre dans l'histoire une figure comme celle d'Abd-el-Kader, il faut s'y arrêter. C'est ce que nous ferons dans nos prochaines leçons. En attendant, ami Paul, dites-nous à quels personnages historiques peut être comparé Abd-el-Kader.

— Monsieur, il peut être comparé à Jugurtha, à Vercingétorix et à Witikind.

— A merveille, mon garçon. Comme l'ancien chef numide, l'ancien chef gaulois et l'ancien chef saxon, Abd-el-Kader a représenté, avec tous les défauts et toutes les qualités de sa race, la cause de l'indépendance. Vaincu et prisonnier, il a noblement supporté l'infortune, et, bien que nous ne puissions oublier la guerre acharnée qu'il nous a faite, sa mémoire a droit à notre respect.

Exercices oraux ou écrits

1. Quel drapeau avait été arboré, le 5 juillet 1830, sur la Casba d'Alger ?

2. A quelle date ce drapeau fut-il remplacé par le drapeau tricolore ?

3. Qui avait succédé à Charles X ?

4. Quels étaient les projets du nouveau gouvernement en ce qui concernait l'Algérie ?

5. Quel titre portaient les gouverneurs de province, que le dey d'Alger avait sous ses ordres ?

6. Dans quelles villes résidaient les beys en Algérie ?

7. Que devint le bey d'Oran ?

8. Que savez-vous sur Bou-Mezrag, bey de la province de Titteri ?

9. Le bey de Constantine se soumit-il aussitôt que les autres ?

10. Quelle était la situation en 1833 ?

11. En quelle année parut Abd-el-Kader ?

XIᵉ LEÇON

ABD-EL-KADER

—

RÉSUMÉ

1. — Abd-el-Kader, fils du marabout Maheddin, de la tribu des Hachem, naquit près de Mascara, aujourd'hui sous-préfecture du département d'Oran.

2. — Dans sa première jeunesse, il visita l'Égypte et l'Orient.

3. — Les tribus voisines de Mascara le proclamèrent émir, dans la plaine d'Eghris, en novembre 1832.

4. — De 1832 à 1833, il travailla à réunir sous son influence les Musulmans de l'ouest.

5. — En 1834, le général Desmichels, qui commandait à Oran, signa avec lui un traité par lequel il reconnaissait aux indigènes le droit d'acheter de la poudre et des armes.

6. — En 1835, à part Alger, Bône, Bougie, Oran, Arzew et quelques points stratégiques, notre autorité était méconnue.

7. — Le général Trézel étant sorti d'Oran avec 2,500 hommes pour attaquer Abd-el-Kader, fut obligé de battre en retraite ; il commit alors l'imprudence de s'aventurer dans les gorges de l'Habra et de la

Macta, où il fut mis en déroute par les cavaliers de l'émir (1835).

8. — A la suite de ce désastre, le général Trézel fut remplacé, et le gouverneur Drouet d'Erlon rappelé.

9. — Le successeur de Drouet d'Erlon fut le maréchal Clauzel.

DÉVELOPPEMENT

Abd-el-Kader, fils du marabout Maheddin, de la tribu des Hachem, naquit près de Mascara, aujourd'hui sous-préfecture du département d'Oran. Son éducation se fit dans la zaouïa paternelle, où il étudia le Coran et la jurisprudence musulmane.

Beau, brave, le visage pâle, les traits fins, les yeux ardents, le maintien à la fois élégant et austère, il réunissait tout ce qu'il faut pour plaire à ses coreligionnaires. Dans sa première jeunesse, il avait visité l'Égypte et l'Orient. A l'âge où les autres entrent dans la vie, il avait déjà beaucoup observé et beaucoup appris. Les indigènes l'admiraient pour sa science, le révéraient pour sa piété, et le redoutaient pour sa vaillance.

Abd-el-Kader fut à la fois prêtre et poète, orateur et général, administrateur et diplomate. Mais cet homme si intelligent, je pourrais même dire si rusé, ne comprit jamais les supériorités de la civilisation, et se renferma dans l'isolement du fanatisme, où vivent encore aujourd'hui presque tous les mahométans.

C'est en novembre 1832, dans la plaine d'Eghris, qu'Abd-el-Kader fut proclamé émir par les tribus voisines de Mascara. Il avait alors vingt-quatre ans.

De 1832 à 1833, il travailla à réunir sous son influence les Musulmans de l'Ouest.

Ni le général Boyer, qui ne sortait pas d'Oran, où il rendait notre domination odieuse par ses cruautés, ni le général Desmichels, son successeur, n'étaient les hommes qu'il fallait pour couper court aux visées ambitieuses du fils de Maheddin.

Desmichels semble plutôt n'avoir agi que pour mettre Abd-el-Kader en pleine lumière. En 1834, il signa avec lui un traité par lequel il reconnaît aux indigènes la liberté d'acheter de la poudre et des armes.

Plus tard, quand le pouvoir de l'émir est contesté, quand Mustapha ben Ismaël, chef des Douairs et des Smélas, s'insurge contre lui, Desmichels sort d'Oran avec une partie de ses troupes, va prendre position à Misserghin, et, par cette démonstration, oblige Mustapha à se soumettre et à se retirer dans le Mechouar de Tlemcen.

Mes enfants, avec des généraux comme Desmichels, il n'est pas étonnant que les progrès de la conquête aient été extrêmement lents. D'ailleurs tous les actes du pouvoir d'alors dénotaient l'indécision. On avait l'air de piétiner sur place. Nous étions en Afrique depuis cinq ans et, à part Alger, Bône, Bougie, Oran, Arzew et quelques points stratégiques, notre autorité était méconnue. Abd-el-Kader, qui avait réussi à s'emparer de Médéa, nous combattait au centre et à l'ouest, tandis qu'à l'est Ahmed, bey de Constantine, continuait à régner malgré nous.

Telle était la situation, lorsqu'un douloureux événement vint mettre en demeure le gouvernement de Louis-Philippe d'en finir avec le système des hésitations et des demi-mesures.

Le général Trézel, gouverneur d'Oran, s'était porté avec 2,500 hommes à cinq lieues de la ville, pour combattre Abd-el-Kader. Il croyait que ce dernier n'oserait lui tenir tête ; mais bientôt il vit ses communications coupées, ses convois menacés, et, comme les vivres allaient lui manquer, il dut battre en retraite.

Dans cette retraite, au lieu de suivre la route ordinaire, on commit l'imprudence de s'aventurer dans les gorges de l'Habra et de la Macta, situées entre Arzew et Mostaganem. Au premier coup d'œil, l'émir s'aperçut de cette faute et lança à toute bride des cavaliers qui, s'étant mis en embuscade, tombèrent à l'improviste sur les Français. Nos soldats, surpris, se replient tumultueusement ; l'épouvante les gagne, les hommes du train coupent les traits des chevaux et se sauvent, les Arabes pillent les caissons et sabrent les blessés qui poussent des cris affreux. C'est une confusion, un désordre indescriptible. Inutile de vous dire que cette fatale journée, qui nous coûta près de huit cents hommes, tués ou blessés, ajouta encore à la renommée d'Abd-el-Kader (1835).

A la nouvelle de la catastrophe de la Macta, la France s'émut. De graves résolutions furent prises. Trézel fut remplacé et le gouverneur Drouet d'Erlon rappelé. C'est alors que, pour la deuxième fois, Clauzel fut envoyé en Afrique.

Exercices oraux ou écrits.

1. Où naquit Abd-el-Kader ?

2. Quels pays visita-t-il dans sa première jeunesse ?

3. Où et quand fut-il proclamé émir ?

4. Que fit-il de 1832 à 1833 ?

5. Quel traité signa avec lui le général Desmichels ?

6. Quelle était la situation en 1835 ?

7. Dites ce que vous savez sur la défaite de la Macta ?

8. Quelles résolutions furent prises à la suite de ce désastre ?

9. Quel fut le successeur de Drouet d'Erlon ?

XIIᵉ LEÇON

LE TRAITÉ DE LA TAFNA

—

RÉSUMÉ

1. — Dès son arrivée à Oran, Clauzel marcha sur Mascara, capitale d'Abd-el-Kader ; mais ce dernier s'enfuit à l'approche de l'armée française.

2. — Quelque temps après avoir quitté Mascara, l'émir alla assiéger le Méchouar de Tlemcen.

3. — Le Méchouar était alors occupé par Mustapha ben Ismaël, qui fit réclamer un secours au maréchal Clauzel.

4. — Clauzel envoya une colonne avec mission de débloquer le Méchouar ; mais, pas plus à Tlemcen qu'à Mascara, Abd-el-Kader n'attendit l'ennemi.

5. — La première garnison française de Tlemcen fut commandée par le capitaine Cavaignac.

6. — Pour être à même de ravitailler cette garnison, on établit un camp à l'embouchure de la Tafna ; mais ce camp fut bientôt cerné par les cavaliers de l'émir.

7. — Bugeaud, après avoir débloqué le camp de la Tafna et organisé un grand convoi de vivres, accula les Arabes dans les gorges de la Sikka et les

précipita du haut d'affreux rochers, auxquels ils essayèrent en vain de se cramponner (6 juillet 1836).

8. — L'année suivante, Abd-el-Kader et Bugeaud conclurent ensemble un traité de paix qui porte le nom de traité de la Tafna (30 mai 1837).

9. — Par ce traité, Abd-el-Kader reconnaissait la souveraineté de la France à Alger et à Oran. Dans la province d'Oran, nous gardions Arzew, Mostaganem, Mazagran et leur banlieue. Dans la province d'Alger, le Sahel et la plaine de la Mitidja. Par contre, la France consacrait formellement l'autorité de l'émir sur les provinces d'Oran, d'Alger et de Titteri.

DÉVELOPPEMENT

Dès son arrivée à Oran, Clauzel, avec l'aide des Douairs et des Smélas, forma un corps de onze mille hommes et marcha sur Mascara, capitale d'Abd-el-Kader. Mais l'émir n'y était plus. A l'approche de l'armée française, il s'était enfui.

Ami Paul, vous souvenez-vous de ce que je vous ai dit de Jugurtha?

— Oui, Monsieur; vous nous avez dit qu'il battait la campagne avec sa cavalerie, qu'il évitait les batailles rangées, qu'il

multipliait les surprises et les petits engagements, et que, s'il était vaincu, il épar-
pillait ses troupes et disparaissait dans le
sud ou dans l'ouest.

— C'est parfait, mon garçon. Vous venez
de répéter presque mot à mot mes paroles,
ce qui prouve que vous êtes attentif et que
vous avez une bonne mémoire. Eh bien,
mes enfants, pour Abd-el-Kader comme
pour Jugurtha, la fuite n'était autre chose
qu'un moyen de défense. Ne vous étonnez
donc pas trop d'avoir vu l'émir quitter si
brusquement Mascara. Cela ne l'empêcha
pas, quelque temps après, d'assiéger le
Méchouar de Tlemcen. Charles, dites-moi
qui occupait alors cette forteresse.

— Monsieur, vous nous l'avez appris
l'autre jour ; c'était Mustapha ben Ismaël,
l'ennemi d'Abd-el-Kader.

— C'est vrai, mon ami. Eh bien, Mustapha fit réclamer un secours au maréchal
Clauzel, et celui-ci envoya une colonne avec
mission de débloquer le Méchouar.

Mais, pas plus à Tlemcen qu'à Mascara,
Abd-el-Kader n'attendit l'ennemi. Une gar-

nison, commandée par le capitaine Cavaignac, put donc s'établir à Tlemcen.

Cependant, il fallait la ravitailler, cette
garnison, et ce n'était pas chose facile,
étant donnés les 138 kilomètres qui sépa-
rent Tlemcen d'Oran. Il y avait un moyen,
c'était d'occuper la vallée de la Tafna,
route beaucoup plus courte et, par suite,
beaucoup plus avantageuse. A cet effet,
un camp français fut établi à l'embouchure
de cette rivière; mais ce camp fut bientôt
cerné et bloqué de toutes parts par les cavaliers d'Abd-el-Kader.

Or, mes enfants, vous savez ce qui arrive en pareil cas : on est obligé de ration-
ner les hommes et les chevaux; les munitions s'épuisent et, au bout d'un certain
temps, il ne reste plus d'autre alternative
que de faire une trouée ou périr.

Heureusement nos soldats purent échapper à cette extrémité; le général Bugeaud,
récemment débarqué de France avec trois
régiments, dispersa les assiégeants. Ce
premier résultat obtenu, il organisa sur
place un grand convoi de vivres pour les

défenseurs du Méchouar. Lui-même prit le commandement de l'escorte.

Comme à la Macta, Abd-el-Kader espérait nous surprendre; mais il devait cette fois avoir le dessous. Bugeaud, après avoir eu l'habileté d'attirer les Arabes sur un terrain à sa convenance, les attaqua, les enveloppa, les accula dans les gorges de la Sikka, affluent de la Tafna, et les précipita du haut d'affreux rochers, auxquels ils essayèrent en vain de se cramponner. Ainsi furent vengées les armes françaises du désastre de la Macta (6 juillet 1836).

Le maréchal Clauzel voulut profiter de ce succès pour tenter une expédition contre Constantine. Dans ma prochaine leçon, je vous raconterai comment il échoua. Pour aujourd'hui, bornons-nous à noter que sa malheureuse entreprise eut de graves conséquences pour la province d'Oran.

En effet, Abd-el-Kader, tirant parti du répit qu'on lui avait laissé en agissant sur Constantine, s'était relevé de sa défaite de la Sikka. Il apprit avec joie la nouvelle de notre échec. Ses forces, son courage, ses espérances en furent accrus. Le gouverneur Damrémont, successeur de Clauzel, comprit qu'il était urgent de marcher contre lui. Or, qui mieux que Bugeaud pouvait avoir raison de l'émir ? Le général Bugeaud fut donc désigné pour exercer dans l'Ouest les pouvoirs les plus étendus.

Abd-el-Kader, qui devait tout particulièrement détester Bugeaud, occupait alors avec son armée les rives de la Tafna. On s'attendait à une lutte acharnée entre les deux adversaires. Quel ne fut pas l'étonnement public quand on apprit qu'ils avaient eu ensemble une entrevue !

A cette entrevue, le général Bugeaud, venu le premier, avait tendu la main à l'émir et l'avait invité à descendre de cheval. Les deux chefs s'étaient ensuite entretenus par interprètes et étaient tombés d'accord pour conclure la paix. Le traité qu'ils signèrent, porte le nom de traité de la Tafna (30 mai 1837).

Par ce traité, Abd-el-Kader reconnaissait la souveraineté de la France à Alger et à Oran. Dans la province d'Oran, nous gardions Arzew, Mostaganem, Mazagran et leur banlieue; dans la province d'Alger, le Sahel et la plaine de la Mitidja. Par contre, la France consacrait formellement l'autorité de l'émir sur les provinces d'Oran, d'Alger et de Titteri.

En prenant congé d'Abd-el-Kader, Bugeaud lui dit :

— Sais-tu qu'il y a peu de généraux qui eussent osé faire le traité que j'ai conclu avec toi ? Je n'ai pas craint de te grandir et d'ajouter à ta puissance, parce que je suis assuré que tu n'useras de la grande existence que nous te donnons, que pour améliorer le sort de la nation arabe et la maintenir en paix et bonne intelligence avec la France.

— Je te remercie de tes bons sentiments pour moi, répondit Abd-el-Kader; si Dieu le veut, je ferai le bonheur des Arabes, et si la paix est jamais rompue, ce ne sera pas de ma faute.

Le traité de la Tafna fut blâmé par le général Damrémont, par le ministre de la guerre et par les Chambres. Mais cela n'empêcha pas le roi Louis-Philippe de le ratifier.

Exercices oraux ou écrits

1. Que fit Clauzel en arrivant à Oran ?

2. Que devint l'émir après avoir quitté Mascara ?

3. Qui occupait alors le Méchouar ?

4. Que fit Clauzel en faveur du Méchouar ?

5. Par qui fut commandée la première garnison française de Tlemcen ?

6. Que fit-on pour être à même de ravitailler cette garnison ?

7. Comment Bugeaud s'y prit-il pour remporter la victoire de la Sikka ?

8. Quel traité fut conclu l'année suivante entre Abd-el-Kader et Bugeaud ?

9. Quelles étaient les clauses de ce traité ?

XIIIᵉ LEÇON

ASSAUT ET PRISE DE CONSTANTINE

—

RÉSUMÉ

1. — La ville de Constantine, chef-lieu du département du même nom, est bâtie sur un roc à pic et est entourée de trois côtés par le Rummel, torrent qui, de cascade en cascade, plonge au fond des abîmes.

2. — La première expédition contre cette ville fut faite par le maréchal Clauzel, en 1836.

3. — L'assaut fut tenté sur deux points à la fois, dans la nuit du 22 au 23 novembre; mais il n'aboutit pas, et l'armée, n'ayant plus ni poudre ni vivres, dut battre en retraite.

4. — La retraite de Constantine fut héroïque. Clauzel s'y distingua et le commandant Changarnier y fit des prodiges de valeur.

5. — Le général Damrémont fut nommé gouverneur de l'Algérie, en remplacement de Clauzel.

6. — Après avoir inutilement cherché à négocier avec le bey Ahmed, le général Damrémont fit une nouvelle expédition contre Constantine.

7. — Un boulet parti de la place le tua, au moment où il se disposait à commander l'assaut.

8. — Après la mort de Damrémont, le général Valée prit le commandement des troupes et ordonna l'assaut pour le lendemain, 13 octobre.

9. — Les officiers qui s'illustrèrent le plus pendant l'assaut et la prise de Constantine, furent Lamoricière, Combes et Bedeau.

DÉVELOPPEMENT

Mes enfants, la ville de Constantine, aujourd'hui chef-lieu du département du même nom, s'élève à environ six cents mètres au-dessus du niveau de la mer. Elle fut jadis, sous le nom de Cirta, la capitale de ces Numides qui luttèrent si désespérément contre les Romains. Bâtie sur un roc à pic, qui a de soixante à deux cents mètres de hauteur, elle est entourée de trois côtés par le Rummel, torrent qui, de cascade en cascade, plonge au fond des abîmes. N'étant accessible qu'à l'ouest, du côté du Koudiat-Aty, elle est tellement forte, tellement imprenable, que les Tunisiens ont pu dire à ses habitants : « Bé-

» nissez vos aïeux, qui ont construit votre
» ville sur une pareille roche. Les cor-
» beaux fientent sur les gens; vous, vous
» fientez sur les corbeaux. »

Eh bien, mes amis, c'est cette place, ce
rocher, ou plutôt ce nid d'aigle, que le
maréchal Clauzel, alors gouverneur de
l'Algérie, voulut à toute force attaquer, en
1836, après la victoire de la Sikka.

Il était parti avec quelques milliers
d'hommes seulement, peu d'artillerie, peu
de munitions et peu de vivres. On était à
l'automne. Les pluies, le froid, la neige,
les fièvres, tout se tourna contre nous.
Avant d'avoir combattu, les soldats n'en
pouvaient plus de souffrances et de misè-
res. C'est dans ces déplorables conditions
que l'ordre fut donné de tenter l'assaut.

Il eut lieu dans la nuit du 22 au 23 novembre, à la porte d'El-Kantara, ce qui
veut dire porte du Pont, à cause d'un ma-
gnifique pont romain qui permettait de
traverser le Rummel à l'est. En même
temps, une partie de nos troupes faisait
diversion du côté du plateau du Koudiat-

Aty, situé à l'extrémité opposée, et qui, comme je vous le disais tout à l'heure, est le seul point par lequel on puisse entrer de plain pied dans la ville.

Nous perdîmes, dans ces deux assauts, beaucoup de soldats et quelques braves officiers. Le général Trézel y reçut une balle dans le cou. Se voyant dans l'impossibilité d'aboutir et n'ayant plus d'ailleurs ni poudre ni vivres, le maréchal Clauzel dut concentrer ses troupes et ordonner la retraite.

Petit Georges, ce fut une rude retraite que la retraite de Constantine. Les malades, les blessés, les écloppés, en un mot tous ceux qui eurent le malheur de rester en arrière, furent impitoyablement sabrés et décapités par les Arabes, à qui on avait promis une prime d'argent pour chaque tête de Français. Si l'armée put regagner Bône, elle le dut à son commandant en chef, qui, pendant la route, se tint sans cesse au milieu d'elle, veillant à tout et ranimant tous les courages ; elle le dut également à quelques officiers, qui réussirent, à force d'énergie et de dévouement, à repousser des milliers d'indigènes.

Au premier rang de ces braves, il faut placer le commandant Changarnier. Ce fut lui qui, au commencement de la retraite, avec une poignée d'hommes, soutint le choc de la cavalerie du bey Ahmed.

— Soldats, s'écria-t-il après avoir formé sa petite troupe en carré, regardez en face ces gens-là ; ils sont six mille et vous êtes trois cents ; vous voyez bien que la partie est égale. Visez juste.

Ces trois cents soldats, déchargeant à bout portant leurs fusils sur l'ennemi, jonchèrent le sol de cadavres et obligèrent les survivants à se replier.

Quand, le 1er décembre, l'armée arriva à Bône, elle était bien fatiguée, bien diminuée. D'après le commandant Pélissier, l'expédition nous aurait coûté deux mille hommes, soit un soldat sur quatre.

Et pourtant, elle n'avait pas fait avancer la conquête d'un pas. Tout était à recommencer. Clauzel eût voulu pouvoir prendre sa revanche ; mais, en France, la surprise

avait été trop brusque, l'émotion trop douloureuse. Son commandement lui fut re-
tiré, et le général Damrémont fut nommé
à sa place gouverneur de l'Algérie.

Damrémont, après avoir inutilement
cherché à négocier avec Ahmed, résolut de
tenter une nouvelle expédition. Bugeaud
venait alors de signer avec Abd-el-Kader
la paix de la Tafna. On était tranquille du
côté de l'Ouest. L'armée expéditionnaire
fut portée au chiffre de douze mille hommes. Damrémont la commandait en personne. Il avait eu soin de se bien munir
d'artillerie, de munitions et de vivres.
Bien que l'on fût encore cette fois en automne, le temps était moins défavorable
que l'année précédente, et le moral de l'armée meilleur. Aux passages difficiles, le
général Valée, qui devait succéder à Damrémont, sautait à bas de son cheval, sai-
sissait le fouet d'un conducteur et stimu-
lait tout le monde de la voix et du geste.
On arriva à Constantine plein de force et
d'espoir.

Comme au premier siège, le bey Ahmed

avait confié la défense de la ville à un de
ses plus fermes lieutenants, Ben-Aïssa,
tandis que lui-même tenait la campagne
avec ses cavaliers. Quand les soldats français parurent, d'immenses pavillons rou-
ges s'élevèrent sur les portes; les muez-
zins, debout sur les minarets, et les femmes, entassées sur les terrasses, firent
retentir l'air de prières et de clameurs. Les
lueurs des villages voisins, incendiés par
leurs habitants, se répercutaient dans le
ciel. « C'est la résidence du diable, » s'é-
cria un officier.

Bientôt tout fut prêt pour l'assaut. Mais
avant de lancer les colonnes d'attaque, le
commandant en chef crut devoir sommer
la ville de se rendre.

— Il y a dans Constantine, répondit Ben-
Aïssa, beaucoup de munitions de guerre
et de bouche. Si les Français en man-
quent, nous leur en enverrons. Nous
ne savons ce que c'est qu'une brèche ni
une capitulation; nous défendrons à ou-
trance notre ville et nos maisons. Vous
ne serez maîtres de Constantine qu'après

avoir égorgé jusqu'au dernier de ses défenseurs.

C'étaient là de fières paroles. En les lisant, le général Damrémont ne put s'empêcher de s'écrier :

— Ce sont des gens de cœur; eh bien ! l'affaire n'en sera que plus glorieuse pour nous.

Et, immédiatement, il se dirigea sur le plateau du Koudiat-Aty, suivi de son état-major.

Quelques instants après, il était mort.

Un boulet parti de la place l'avait tué.

Le général Perrégaux, qui s'était élancé pour le secourir, avait également reçu un coup mortel.

Mais à la guerre, mes enfants, quand un chef tombe, le meilleur moyen de l'honorer, c'est de le venger. C'est ce qui eut lieu pour Damrémont. L'énergique général Valée prit le commandement et ordonna l'assaut pour le lendemain, 13 octobre.

Ah ! mes amis, ce fut une journée terrible que la journée du 13 octobre 1837 ! Le vaillant lieutenant-colonel Lamoricière s'élança le premier avec ses zouaves. Ils gravissent la brèche, et bientôt le drapeau français y est planté! Mais, dans Constantine, toutes les rues, toutes les maisons, toutes les fenêtres sont gardées, défendues, barricadées. Un mur s'écroule et écrase tout un peloton du 2e léger. Et comme si ce n'était pas assez de la fusillade terrible qui pleut de tous côtés, voici qu'une épouvantable explosion retentit. Les uns sont tués, les autres mutilés, tous ont les yeux pleins de terre, de poussière et de poudre. Lamoricière, brûlé, aveugle, est conduit à l'ambulance. Des cris sinistres se font entendre. Combes et Bedeau élèvent leurs épées en l'air, en criant : « En avant! En avant! » Combes est blessé deux fois, et meurt après avoir prononcé ces paroles :

— Ceux qui seront assez heureux pour survivre à cet assaut-là, pourront dire qu'ils auront vu une belle et glorieuse journée.

La ville fut prise. Elle fut prise maison par maison, ruelle par ruelle. La lutte dura trois heures. Quand tout fut terminé, nos soldats virent avec effroi, dans les profonds ravins qui entourent la place, des cadavres d'hommes, de femmes et d'enfants, entassés les uns sur les autres. Les malheureux, en voulant fuir, s'étaient brisés, écrasés dans d'horribles chutes.

— Et le bey Ahmed, Monsieur, que devint-il ?

— Le bey Ahmed, mes enfants, avait suivi, du haut d'une colline, les diverses péripéties de l'assaut. Quand il vit que nous étions vainqueurs, il tourna bride et s'enfuit dans la direction du sud. Mais il ne fit sa soumission qu'en 1848. Sa mort eut lieu en 1850.

Exercices oraux ou écrits

1. Comment est bâtie la ville de Constantine ?

2. Par qui fut faite la première expédition contre cette ville ?

3. A quelle date fut tenté l'assaut ?

4. Que savez-vous sur la retraite de Constantine ?

5. Qui fut nommé gouverneur de l'Algérie en remplacement de Clauzel ?

6. Quelle fut la ligne de conduite du général Damrémont ?

7. Quand et comment mourut-il ?

8. Quel général prit le commandement des troupes après la mort de Damrémont ?

9. Citez les officiers qui s'illustrèrent le plus pendant l'assaut et la prise de Constantine.

XIVᵉ LEÇON

PUISSANCE D'ABD-EL-KADER

—

RÉSUMÉ

1. — Abd-el-Kader, avec une activité et une habileté inouïes, avait mis à profit la trêve qui, dans la province d'Oran et la province d'Alger, avait suivi le traité de la Tafna.

2. — Il avait divisé le territoire soumis à sa puissance en huit gouvernements, et placé à la tête de chacun d'eux un chef ou khalifa.

3. — Avec l'argent provenant d'impôts appelés zekkat et achour, il put lever une armée de dix mille hommes et se préparer à recommencer la **guerre sainte.**

4. — Comme Abd-el-Kader prétendait que le traité de la Tafna ne nous permettait pas de nous étendre à l'est de la Mitidja, le maréchal Valée, en octobre 1839, forma une colonne à Constantine et revint avec elle, par terre, à Alger, en franchissant le fameux défilé des Portes-de-Fer.

5. — En réponse à cette démonstration, trois mille cavaliers indigènes se ruèrent sur la plaine de la Mitidja et y commirent toutes sortes d'atrocités.

6. — Nous devons vénérer la mémoire des vaillants colons qui furent alors massacrés, car ce sont leurs bras, c'est leur sueur, c'est leur sang qui a fécondé l'Algérie.

7. — Au printemps suivant, Valée se décida à prendre l'offensive ; mais la prise de Mouzaïa, celle de Médéa et celle de Miliana ne purent faire oublier les désastres qui avaient frappé nos infortunés colons.

8. — Le plus brillant fait d'armes des années 1839 et 1840 est celui de Mazagran.

9. — Dans les premiers jours de février 1840, à Mazagran, 123 soldats du 1er bataillon d'Afrique, ayant à leur tête le capitaine Lelièvre, repoussèrent, pendant quatre jours consécutifs, l'assaut de plus de deux mille Arabes.

DÉVELOPPEMENT

Constantine prise, c'était un beau résultat acquis ; mais il s'en fallait, mes enfants, que le problème de la conquête fût résolu. Il restait en face de nous quelqu'un de plus redoutable que le bey Ahmed, c'était l'émir Abd-el-Kader.

Ce dernier, avec une activité et une habileté inouïes, avait mis à profit la trêve qui, dans la province d'Oran et la province d'Alger, avait suivi le traité de la Tafna. Il avait divisé le territoire soumis à sa puissance en huit gouvernements, et placé à la tête de chacun d'eux un chef ou khalifa. Au-dessous des khalifas étaient les aghas et les caïds qui avaient, entre autres attributions, celle de percevoir les impôts appelés **zekkat** et **achour**, le premier au printemps, le second à l'automne. Des razzias étaient opérées contre les tribus qui refusaient d'acquitter ces impôts.

Vous n'êtes pas, mes amis, sans avoir entendu dire que l'argent est le nerf de la guerre. Eh bien ! c'est avec l'argent provenant du zekkat et de l'achour qu'Abd-el-Kader put lever une armée de huit mille fantassins et deux mille cavaliers, construire ou rétablir des places fortes et des camps retranchés, acheter de la poudre et des armes, en un mot se procurer tout ce qu'il lui fallait pour recommencer la **guerre sainte**.

Notez que tout en se préparant à combattre, l'émir affectait envers la France les dispositions les plus conciliantes. Il écrivait au roi Louis-Philippe qu'il voulait la paix. Il lui écrivait également qu'il était dévoué à la civilisation, alors qu'il punissait durement les Arabes qui entraient en rapport avec nous.

Comme il prétendait que le traité de la Tafna ne nous permettait pas de nous étendre à l'est de la Mitidja, ce qui équivalait à nous interdire les communications par terre entre Alger et Constantine, le maréchal Valée, alors gouverneur de l'Algérie, crut une démonstration nécessaire. Il forma donc, en octobre 1839, une colonne à Constantine, et revint avec elle, par terre, à Alger, en passant par Sétif et en franchissant le fameux défilé des Portes-de-Fer.

Valée croyait avoir ainsi tranché la question et espérait qu'Abd-el-Kader s'inclinerait devant le fait accompli. Il ne tarda pas à s'apercevoir de son erreur. En effet, à peine était-il rentré à Alger, qu'il reçut de l'émir une lettre lui reprochant d'avoir violé le traité de la Tafna et lui annonçant la reprise des hostilités.

Quelques jours après, sans que le maréchal Valée ait pris la précaution de se mettre en garde, trois mille cavaliers indigènes, débouchant de plusieurs côtés à la fois, se ruent sur la plaine de la Mitidja et y commettent toutes sortes d'atrocités.

Les colons sont massacrés, leurs troupeaux ravis, leurs récoltes pillées, leurs maisons rasées ou incendiées. Ah! mes jeunes amis, je ne saurais assez vous pénétrer d'admiration pour ces vaillants émigrants des premiers jours, pour ces audacieux pionniers qui, au milieu des balles, sous un ciel de feu et dans des plaines alors insalubres, vinrent mettre tout ce qu'ils avaient de force et d'énergie au service de la colonisation ; je ne saurais trop vous répéter de vénérer la mémoire de ces enfants perdus de la conquête, de ces martyrs du travail, de ces ouvriers de la civilisation. Ils dorment aujourd'hui sous la terre africaine ; mais ce sont leurs bras, c'est leur sueur, c'est leur sang qui a fécondé l'Algérie. Ce sont eux qui ont frayé la voie où marchent aujourd'hui leurs fils à qui ils ont laissé le plus noble et le plus courageux exemple. L'histoire serait injuste pour eux, si elle ne les enveloppait avec nos héroïques soldats dans la même immortelle auréole !

En résumé, mes chers enfants, pendant les années 1839 et 1840, nos possessions en Algérie étaient encore bien contestées. On ne pouvait, sans une escorte imposante, aller d'Alger à Blida, quoique la distance entre ces deux villes ne soit que d'une cinquantaine de kilomètres. C'est que le maréchal Valée, qui s'était si énergiquement conduit pendant l'expédition de Constantine, n'était pas l'homme qu'il fallait pour faire face à une situation si difficile. Il se décida pourtant à prendre l'offensive, au printemps suivant. Mais la prise de Mouzaïa — si glorieuse qu'elle ait été pour Changarnier — celle de Médéa et celle de Miliana ne purent faire oublier les désastres qui avaient frappé nos infortunés colons.

Toutefois, parmi les combats et les escarmouches qui marquèrent les années 1839 et 1840, il y a un fait d'armes tellement brillant que je ne puis rester sans vous le raconter.

— Paul, savez-vous où est situé Mazagran ?

— Oui, Monsieur. Je l'ai cherché sur ma carte, quand vous nous en avez parlé à propos du traité de la Tafna. Mazagran se trouve à l'ouest de Mostaganem.

— C'est cela, mon garçon, et seulement à cinq kilomètres de cette dernière ville. Eh bien, dans les premiers jours de février 1840, à Mazagran, 123 soldats du 1er bataillon d'Afrique, ayant à leur tête le capitaine Lelièvre, repoussèrent, pendant quatre jours consécutifs, l'assaut de plus de deux mille Indigènes. On a élevé une colonne à la mémoire de ces braves, et voici comment s'exprime un Arabe qui a rendu compte de cet admirable épisode de nos guerres d'Afrique:

« On s'est battu quatre jours et quatre nuits ; c'étaient quatre grands jours, car ils ne commençaient pas et ne finissaient pas au son du tambour ; c'étaient des jours noirs, car la fumée de la poudre obscurcissait les rayons du soleil, et les nuits étaient des nuits de feu, éclairées par les flammes des bivouacs et par celles des amorces. »

Les Musulmans durent se retirer vaincus, bien qu'ils fussent seize contre un, et la petite troupe du capitaine Lelièvre, qui n'avait eu que trois hommes tués et seize blessés, fut portée en triomphe par la garnison de Mostaganem.

Exercices oraux ou écrits

1. Qu'avait fait Abd-el-Kader après le traité de la Tafna ?

2. Comment avait-il divisé le territoire soumis à sa puissance ?

3. Avec quel argent put-il lever une armée et se préparer à recommencer la guerre sainte ?

4. Quelle démonstration fit le maréchal Valée, en octobre 1839 ?

5. Quelle fut la réponse à cette démonstration ?

6. Que devons-nous penser des vaillants colons qui furent alors massacrés ?

7. Quand Valée se décida-t-il à prendre l'offensive ?

8. Quel est le plus brillant fait d'armes des années 1839 et 1840 ?

9. Que se passa-t-il à Mazagran ?

XVᵉ LEÇON

BUGEAUD

—

RÉSUMÉ

1. — C'est le 22 février 1841 que Bugeaud débarqua comme gouverneur de l'Algérie, en remplacement du maréchal Valée.

2. — Sa devise était : **Par l'épée et par la charrue**.

3. — Il organisa des colonnes mobiles de 4,000 hommes, qui opérèrent des razzias à l'instar des Arabes.

4. — En 1842, le général Bedeau commandait à Tlemcen, et le général Lamoricière à Mascara.

5. — A l'Est, le général Négrier prenait Tebessa.

6. — Dans la province d'Alger, vingt et un soldats et un sergent nommé Blandan soutenaient une lutte héroïque contre trois cents Arabes qui avaient attaqué la correspondance de Boufarik à Blida.

7. — Bugeaud, secondé par Changarnier, finit par soumettre les tribus belliqueuses de la Mitidja, dont la plus redoutable était celle des Hadjoutes.

8. — Le 16 mai 1843, à Taguin, dans le sud de la province d'Oran, le duc d'Aumale, fils du roi Louis-

Philippe, attaqua la smala d'Abd-el-Kader et la mit en déroute, faisant trois mille prisonniers et un butin considérable.

9. — Abd-el-Kader, abandonné des populations musulmanes, fut bientôt réduit à se retirer au Maroc où l'empereur Abd-er-Rhaman lui accorda asile et protection.

10. — Bugeaud marcha contre l'armée marocaine, commandée par Mouley-Mohammed, fils de l'empereur, et remporta la victoire d'Isly (14 août 1844).

11. — En même temps, les villes de Tanger et de Mogador, sur l'Océan Atlantique, étaient bombardées par le prince de Joinville, frère du duc d'Aumale.

12. — Le 13 septembre, la France signa avec le Maroc le traité de Tanger, par lequel Abd-er-Rhaman s'engageait à interner Abd-el-Kader dans une ville de l'Ouest, au cas où celui-ci tomberait entre les mains des troupes marocaines.

DÉVELOPPEMENT

C'est le 22 février 1841 que Bugeaud débarqua comme gouverneur de l'Algérie, en remplacement du maréchal Valée. Il devait rester en Afrique jusqu'en 1847.

On peut lui reprocher de n'avoir pas toujours été extrêmement scrupuleux ; mais

c'était un rude soldat et un habile général.
Simple jusqu'à la bonhomie, franc, brusque, cordial, il était populaire dans l'armée,
dont il reflétait l'image. Les troupes l'aimaient, parce qu'il prenait à cœur leur bien-être ; elles avaient confiance en lui, parce
qu'il était à la fois résolu et prudent. On
avait bien de temps en temps à souffrir de
ses brusqueries, de sa mauvaise humeur,
de son excessive sévérité, mais on ne lui
en tenait pas rancune. Les troupiers l'appelaient entre eux du nom significatif de
« père Bugeaud. »

Dès son arrivée, il comprit à merveille
la situation. Lui qui naguère avait signé le
traité de la Tafna, et qui depuis, en mainte
circonstance, s'était prononcé contre l'occupation française, on le vit adopter, sincèrement et énergiquement, une politique
nouvelle. Bugeaud, gouverneur, se couvrit
de gloire, et cette gloire fit oublier un passé
qui n'était pas irréprochable.

Par l'épée et par la charrue, telle fut sa
devise. Elle résumait parfaitement le caractère de l'œuvre à accomplir en Algérie.

Il fallait, en effet, se servir de l'épée, pour vaincre les Arabes, les accabler, les réduire à l'impuissance.

Il fallait, en outre, se servir de la charrue, pour défricher le sol, le vivifier, ce qui n'était possible qu'avec des agriculteurs, des colons qui créeraient des fermes, des villages, et qui formeraient comme une nouvelle France à côté de l'ancienne.

Bugeaud ne négligea rien pour atteindre ce double but.

L'effectif des troupes, qui était de 63,000 hommes au commencement de 1841, fut porté à 100,000. Le nouveau gouverneur ravitailla Médéa et Miliana, puis marcha contre les places où les Indigènes s'étaient retranchés. Plusieurs de ces places furent détruites, comme Tagdempt, près de Tiaret ; d'autres, comme Mascara, reçurent une forte garnison et servirent de base d'opération à des colonnes mobiles de 4,000 hommes. Ces colonnes, ayant cavalerie, infanterie et artillerie, opéraient des razzias, à l'instar des Arabes, enlevant les troupeaux, brûlant les récoltes et pillant les silos.

En 1842, Bugeaud alla lui-même reprendre Tlemcen à Abd-el-Kader et poussa
jusqu'à Sebdou, qu'il ruina. Il laissa à Tlemcen le général Bedeau qui veilla à ce que
l'émir ne pût recruter des combattants au
Maroc. Pendant ce temps-là, Lamoricière,
établi à Mascara, donnait la chasse aux
Hachem qui étaient, comme vous le savez,
la tribu d'Abd-el-Kader.

Voilà pour l'Ouest. A l'Est, le général
Négrier prenait Tebessa. Mais au centre,
la sécurité était loin de régner. Au mois
d'avril 1842, la correspondance de Boufarik
à Blida fut subitement attaquée et enveloppée par trois cents cavaliers sortis du
ravin qui précède Beni-Mered, joli village
situé entre ces deux villes. Il y avait, pour
escorter la correspondance, vingt et un soldats et un sergent nommé Blandan. Le chef
arabe court au sergent et le somme de se
rendre. Blandan lui répond par un coup
de fusil, et la petite troupe, formant le
carré, lutte désespérément. Frappé et près
d'expirer, Blandan s'écrie : « Défendez-vous
jusqu'à la mort. » De ces vingt-deux héros,

cinq seulement survécurent. Ils furent faits chevaliers de la Légion d'honneur.

Bugeaud, secondé par Changarnier, prit immédiatement des mesures pour empêcher le renouvellement de pareilles agressions. Des marches et des contre-marches, accompagnées de razzias, eurent raison des tribus belliqueuses de la Mitidja. La plus redoutable, celle des Hadjoutes, finit par demander l'**aman**. Dès lors les environs d'Alger furent tranquilles.

Ainsi, mes enfants, grâce à l'habileté et à l'énergie du nouveau gouverneur, le drapeau tricolore flottait dans les trois provinces et s'y faisait respecter. Abd-el-Kader, poursuivi, traqué par Lamoricière, se sentait hors d'état de tenir franchement la campagne. Il évitait les rencontres. Il laissait dans le Sud sa **smala**, c'est-à-dire sa famille, ses troupeaux, ses tentes, ses trésors, etc. Lui-même avec ses cavaliers courait le pays, passait entre nos colonnes, apparaissait brusquement au milieu des tribus pacifiées et, moitié par peur, moitié par entraînement, les ramenait à sa cause.

Au commencement de 1843, il se montrait dans la plaine du Chélif et menaçait la Mitidja. Mais Bugeaud fonda Orléans-ville, fortifia Ténès et Tiaret, et se servit de ces trois centres comme points de départ pour l'attaque et comme points de concentration pour la résistance.

De cette façon, mes enfants, l'émir, se heurtant partout à nos postes ou à nos soldats, était obligé le plus souvent de chercher son salut dans la fuite. Le 16 mai 1843, le duc d'Aumale, fils du roi Louis-Philippe, envoyé en expédition par Bugeaud, aperçut à Teguin, dans le Sud de la province d'Oran, comme une ville de tentes couvrant un espace de plus de deux kilomètres. C'était la smala. Le duc d'Aumale n'avait alors avec lui que 600 cavaliers. N'importe! Il commence aussitôt l'attaque, et, deux heures après, la smala est en déroute. Nos soldats font 3,000 prisonniers et un butin considérable.

Abd-el-Kader donna plus tard au général Daumas des détails sur la smala, dont une faible partie, selon lui, serait restée entre nos mains :

— Quand un Arabe, dit-il, avait perdu sa famille dans la smala, il lui fallait quelquefois deux jours pour la retrouver. Là où nous campions, nous mettions à sec les ruisseaux, les puits, les mares. Quand j'avais dressé ma tente, chacun connaissait l'emplacement qu'il devait occuper. Autour de moi, de ma famille, de mon petit trésor, j'avais trois ou quatre cents fantassins réguliers. Si je m'étais trouvé là quand les tiens arrivèrent, nous aurions combattu pour nos femmes, pour nos enfants, et vous eussiez vu sans doute un grand jour.

La prise de la smala porta un coup funeste à Abd-el-Kader. Les populations musulmanes, d'ailleurs épuisées, l'abandonnèrent. Bientôt il fut réduit à se retirer au Maroc, où l'empereur Abd-er-Rhaman lui accorda asile et protection.

Une fois au Maroc, Abd-el-Kader tenta d'armer contre nous les habitants de ce pays. La guerre sainte fut prêchée jusqu'à l'Atlantique, et un grande agitation en fut la conséquence.

Il fallait couper court à une propagande et à une protection qui présentaient de graves dangers. Bugeaud marcha contre l'armée marocaine, commandée par Mouley-Mohammed, fils de l'empereur. Il était secondé par des lieutenants dont les noms vous sont connus : Lamoricière, Bedeau, Cavaignac, Pélissier, etc. Pour atteindre l'ennemi, on devait passer à gué une rivière, l'Isly. Elle fut franchie rapidement. Après une bataille glorieuse pour nous et dans laquelle l'armée marocaine perdit 800 hommes, nos soldats s'emparèrent des canons, des drapeaux, des munitions et même du parasol du fils de l'empereur (14 août 1844). Ce parasol figure aujourd'hui aux Invalides, à Paris, à côté des drapeaux conquis sur les diverses armées européennes.

Pendant ce même mois d'août 1844, une escadre française, sous les ordres du prince de Joinville, frère du duc d'Aumale, bombardait Tanger et Mogador sur l'Océan Atlantique. Le 13 septembre, la France signa avec le Maroc le traité de Tanger. Par ce traité, Abd-er-Rhaman s'engageait à interner Abd-el-Kader dans une ville de l'Ouest, au cas où celui-ci tomberait entre les mains des troupes marocaines.

Exercices oraux ou écrits.

1. A quelle date Bugeaud débarqua-t-il comme gouverneur de l'Algérie ?

2. Quelle était sa devise ?

3. Quel système de guerre organisa-t-il ?

4. Quels généraux commandaient à Tlemcen et à Mascara, en 1842 ?

5. Quelle ville le général Négrier prenait-il à l'Est ?

6.. Quel fait d'armes héroïque avait lieu dans la province d'Alger ?

7. Qui finit par soumettre les tribus belliqueuses de la Mitidja ?

8. Qu'arriva-t-il, le 16 mai 1843, à Taguin, dans le sud de la province d'Oran ?

9. Où Abd-el-Kader fut-il bientôt réduit à se retirer ?

10. Quelle victoire remporta Bugeaud sur l'armée marocaine ?

11. En même temps, quelles villes étaient bombardées par le prince de Joinville ?

12. Dites ce que vous savez du traité de Tanger ?

XVIᵉ LEÇON

SOUMISSION D'ABD-EL-KADER

—

RÉSUMÉ

1. — En 1843, le nombre des colons, qui était à peine de 27,000 en 1839, s'élevait à 65,000.

2. — En 1845, un chef de partisans, Bou-Maza, courait le pays, promettant à ceux qui voudraient le suivre la victoire et le pillage.

3. — Abd-el-Kader ayant reparu au milieu des tribus, la guerre recommença, sombre, sauvage, implacable.

4. — En juin, dans la province d'Alger, le colonel Pélissier enfuma les Ouled-Riah dans des grottes où ils s'étaient réfugiés avec leurs femmes et leurs enfants.

5. — En septembre, le colonel Montaignac se laissa attirer dans un guet-apens par une tribu qui se disait inquiétée par Abd-el-Kader.

6. — Ceux de nos soldats qui échappèrent à ce guet-apens, se réfugièrent dans le marabout de Sidi-Brahim, où, après une défense surhumaine de trois jours, ils furent massacrés, à l'exception d'une douzaine d'entre eux.

7. — Bugeaud était alors en France, mais il s'empressa de revenir ; et quinze colonnes furent mises en mouvement, afin d'étreindre Abd-el-Kader dans un cercle de fer.

8. — Abd-el-Kader, se voyant traqué par nos troupes et abandonné de ses alliés, se résigna à rentrer au Maroc.

9. — L'empereur Abd-er-Rahman, qui commençait à voir en Abd-el-Kader un chef capable de le supplanter, lui enjoignit de se livrer entre ses mains ou de se retirer de ses États.

10. — L'émir, comprenant que c'en était à jamais fini de sa puissance, alla au poste de Sidi-Brahim et remit son yatagan au général Lamoricière, qui lui avait promis l'aman (23 septembre 1847).

11. — L'illustre vaincu fut conduit au duc d'Aumale, qui venait de remplacer Bugeaud comme gouverneur, et qui ratifia la promesse faite à Abd-el-Kader.

DÉVELOPPEMENT

Mes enfants, les succès militaires de Bugeaud lui avaient valu le grade de maréchal de France et le titre de duc d'Isly ; mais ce n'était pas seulement par l'épée qu'il s'était distingué : il avait aussi obtenu d'importants résultats par la charrue. Le nombre des colons, à peine de 27,000 en 1839, s'élevait en 1843 à 65,000. De hardis pionniers avaient percé des routes, bâti des villages, défriché des plaines, pendant que nos vaillants soldats avaient versé leur sang. Toutefois, il s'en fallait que tout fût terminé. Des agitateurs fanatiques continuaient à prêcher la guerre sainte. Un chef de partisans, Bou-Maza, courait le pays, promettant à ceux qui voudraient le suivre la victoire et le pillage. En 1845, Abd-el-Kader reparaissait brusquement pour une lutte suprême et désespérée.

Au cours de cette terrible année 1845, la vallée du Chélif fut occupée par les tribus soulevées. Alors la guerre recommença, sombre, sauvage, implacable. Dans la province d'Alger, le colonel Pélissier, chargé de réprimer l'insurrection des Ouled-Riah, les enfuma, en faisant allumer des fascines à l'entrée des grottes où ils s'étaient réfugiés avec leurs femmes et leurs enfants.

Vous frémissez, mes jeunes amis, à la pensée de pareils procédés, et vous avez raison. L'acte de Pélissier fut suivi d'affreuses représailles; Abd-el-Kader y répondit par le massacre de Sidi-Brahim.

C'était en septembre, trois mois après l'extermination des Ouled-Riah et pendant l'absence de Bugeaud. Le colonel Montaignac, sollicité par une tribu qui se disait inquiétée par l'émir, se laisse attirer dans un guet-apens. Avec quatre cents et quelques hommes, il se trouve soudain en face d'une véritable armée. Un premier combat s'engage, dans lequel il est tué. Quatre-vingts chasseurs réussissent à s'échapper, et vont se réfugier dans le marabout de Sidi-Brahim, à dix kilomètres de Nemours.

— Charles, connaissez-vous l'histoire de Régulus?

— Monsieur, je sais que c'était un Romain, mais je ne me rappelle pas bien son histoire.

— Cela me fait regretter de ne pas vous l'avoir racontée dans ma leçon sur les Carthaginois. Régulus, étant prisonnier de Carthage, fut envoyé à Rome pour proposer un échange de captifs. Mais, au lieu de conseiller cette mesure, il dissuada énergiquement le sénat de l'accepter. Puis il retourna à Carthage, où on le fit périr dans d'atroces supplices.

Telle est, en deux mots, l'histoire de Régulus. Voici maintenant celle du capitaine Dutertre :

Le capitaine Dutertre était prisonnier d'Abd-el-Kader, qui lui ordonna d'aller auprès des assiégés de Sidi-Brahim pour leur conseiller de capituler. Dutertre s'avance jusqu'au marabout ; mais, bien loin de pousser ses frères d'armes à se rendre, il les exhorte à combattre jusqu'à la mort, et revient auprès de l'émir, qui lui fait trancher la tête et commande l'assaut.

Cet assaut étant repoussé, il restait aux Arabes une ressource : le blocus. Un, deux, trois jours se passent. Dans le marabout, les munitions, l'eau, les vivres sont épuisés. Il faut s'y laisser mourir de faim et de soif, ou affronter la vengeance de milliers de Musulmans. Pour ces braves, le choix n'est pas douteux. Le capitaine Géreaux en tête, ils s'élancent, baïonnette en avant ; mais, hélas ! à l'exception d'une douzaine d'entre eux, ils sont massacrés par les soldats d'Abd-el-Kader.

Telle fut la douloureuse catastrophe de Sidi-Brahim. Grossie par les récits des Indigènes, elle ranima le feu qui couvait encore dans la plupart des tribus, et, un moment, l'insurrection parut devenir générale.

Bugeaud, alors en France, s'empresse de revenir. Il porte l'effectif de l'armée à 106,000 hommes. Quinze colonnes sont mises en mouvement. Abd-el-Kader, avec une rapidité inouïe, se dérobe avant que le cercle de fer dans lequel on veut l'étreindre, soit fermé. Dans la nuit du 7 février 1846, il a un cheval tué sous lui, erre pendant quelque temps mêlé à nos soldats, et ne parvient à se sauver que grâce à la simplicité de ses vêtements.

Mal accueilli par les tribus qui restent sourdes à sa voix, abandonné de ses alliés, presque sans escorte, il se résigne à

rentrer au Maroc. — Charles, vous rappe-
lez-vous le traité de Tanger ?

— Oui, Monsieur. Par ce traité, l'empereur du Maroc s'engageait à interner Abd-
el-Kader dans une ville de l'Ouest, au cas
où celui-ci tomberait entre les mains des
troupes marocaines.

— C'est cela, mon garçon. Conformé-
ment à ce traité, l'empereur Abd-er-Rahman, qui commençait à voir en Abd-el-
Kader un chef capable de le supplanter,
lui enjoignit de se livrer entre ses mains
ou de se retirer de ses États. C'est à ce
dernier parti que s'arrêta l'émir. Avec la
poignée de fidèles qui lui restait, il tenta
de retourner en Algérie. Or, Lamoricière,
qui observait ses moindres mouvements,
avait fait garder tous les passages. Reçu à
coups de fusil, et se voyant de plus en
plus délaissé par les siens, Abd-el-Kader
comprit que c'en était à jamais fini de sa
puissance. Il alla au poste de Sidi-Brahim
et remit son yatagan au général Lamoricière, qui lui avait promis l'aman (23 septembre 1847).

Petit Georges, il me semble que tu veux dire quelque chose ?

— Monsieur, je suis content de savoir qu'Abd-el-Kader s'est rendu juste à l'endroit où il avait si cruellement traité les Français, deux ans auparavant.

— Raison de plus, mon ami, pour bien graver dans ta mémoire le nom de Sidi-Brahim. Le palmier de Sidi-Brahim est aussi célèbre que le chêne sous lequel saint Louis rendait la justice, puisque c'est à l'ombre de ce palmier qu'Abd-el-Kader fit sa soumission à la France.

L'illustre vaincu fut conduit au duc d'Aumale, qui venait de remplacer Bugeaud comme gouverneur. L'entrevue fut solennelle :

— J'aurais voulu, dit le héros musulman, faire plus tôt ce que je fais aujourd'hui ; j'ai attendu l'heure marquée par Dieu. Le général m'a donné une parole sur laquelle je me suis fié ; je ne crains pas qu'elle soit violée par le fils d'un grand roi comme celui des Français.

La promesse faite par Lamoricière fut

ratifiée en quelques mots par le duc d'Aumale. Le lendemain, au moment où ce dernier rentrait d'une revue, Abd-el-Kader se présenta devant lui à cheval et accompagné d'une escorte ; puis, ayant mis pied à terre, il lui dit :

— Je vous offre ce cheval, le dernier que j'aie monté ; c'est le témoignage de ma gratitude, et je désire qu'il vous porte bonheur.

— Je l'accepte, répondit le fils de Louis-Philippe, comme un hommage rendu à la France, dont la protection vous couvrira désormais, et comme un oubli du passé.

Exercices oraux ou écrits.

1. A combien s'élevait le nombre des colons, en 1843 ?

2. Quel chef de partisans courait le pays en 1845 ?

3. Quel fut le caractère de la guerre qui recommença alors ?

4. Comment le colonel Pélissier réprima - t - il l'insurrection des Ouled-Riah ?

5. Dans quel guet-apens se laissa attirer le colonel Montaignac ?

6. Que devinrent ceux de nos soldats qui échap-

pèrent à ce guet-apens ?

7. Où était Bugeaud pendant le massacre de Sidi-Brahim ?

8. Comment Abd-el-Kader échappa-t-il à Bugeaud ?

9. L'empereur Abd-er-Rahman continua-t-il à donner asile et protection à Abd-el-Kader ?

10. A qui l'émir se rendit-il ?

11. Devant qui le conduisit-on ?

XVIIe LEÇON

CONQUÊTE DU SAHARA ET DE LA KABYLIE

—

RÉSUMÉ

1. — L'année qui suivit la soumission d'Abd-el-Kader, une révolution eut lieu en France.

2. — Louis-Philippe s'était aliéné les classes populaires, en ne faisant élire les députés que par les citoyens payant au moins deux cents francs de contributions directes.

3. — Le 24 février 1848, la République fut proclamée et, avec elle, le principe sur lequel repose aujourd'hui le pouvoir de la France, c'est-à-dire le suffrage universel.

4. — Le gouvernement provisoire nomma le général Cavaignac, alors à Oran, gouverneur de l'Algérie, à la place du duc d'Aumale ; mais à peine ce nouveau chef de la colonie fut-il installé, qu'il dut quitter son poste pour celui de ministre de la guerre.

5. — Ces changements fréquents et la nouvelle des événements de Paris ne laissaient pas que de produire du trouble et de l'agitation en Afrique.

6. — Heureusement qu'alors il ne nous restait plus à conquérir que la lointaine région du Sahara

et la montagneuse région du Djurjura, ou Kabylie.

7. — En 1849, un certain Bou-Zian, cheikh de Zaatcha, prenant pour prétexte la façon dont l'administration française avait réparti la **lezma** ou impôt sur les palmiers, fit un appel aux armes contre la France.

8. — Le colonel Herbillon vint mettre le siège devant Zaatcha. Deux assauts ayant été inutilement tentés, le 20 octobre, on fit venir du renfort, et, le 28 novembre, eut lieu l'assaut décisif dans lequel le colonel Canrobert et son escorte se couvrirent de gloire.

9. — En apprenant la destruction de Zaatcha, les Arabes de la région, consternés et découragés, s'empressèrent de demander l'aman.

10. — La prise de Laghouat, qui eut lieu le 4 décembre 1852 par le général Pélissier, acheva de nous rendre maîtres du Sahara.

11. — En Kabylie, nous avions affaire à une population très énergique, très attachée au sol natal, et aussi amoureuse de la liberté qu'âpre au travail.

12. — La Kabylie ne fut conquise qu'en 1857, après les expéditions du maréchal Randon et le sanglant combat d'Icheriden, livré par le général Mac-Mahon.

DÉVELOPPEMENT

Mes enfants, je suis obligé d'ouvrir une parenthèse, au début de cette leçon, pour vous faire part du grand événement qui s'est accompli en France, l'année qui suivit la soumission d'Abd-el-Kader. Ce grand événement, c'est — vous l'avez deviné — une révolution. Le gouvernement de Louis-Philippe s'était aliéné les classes populaires, en ne faisant élire les députés que par les citoyens payant au moins deux cents francs de contributions directes. C'était exclure du vote la majorité des Français et la plupart des combattants de Juillet eux-mêmes. C'est pourquoi la population parisienne, si passionnée pour l'égalité, ne tarda pas à battre en brèche cette monarchie bourgeoise, comme elle avait naguère battu en brèche la monarchie de droit divin. Ainsi que pour la royauté blanche, trois jours suffirent pour renverser la royauté tricolore, que de nombreuses insurrections avaient déjà fortement ébranlée. Le 24 février 1848, la République fut, une seconde fois, proclamée, et, avec elle, le principe sur lequel repose aujourd'hui le pouvoir en France, je veux dire le suffrage universel.

Dès que le gouvernement provisoire fut constitué à l'Hôtel de ville, il adressa au général Cavaignac, alors à Oran, une dépêche le nommant gouverneur de l'Algérie, à la place du duc d'Aumale. Mais à peine ce nouveau chef de la colonie fut-il installé, qu'il dut quitter son poste pour celui de ministre de la guerre. Ces changements fréquents et la nouvelle des événements de Paris ne laissaient pas que de produire du trouble et de l'agitation en Afrique. Heureusement que, hormis la lointaine région du Sahara et la montagneuse région du Djurjura, ou Kabylie, la conquête pouvait être alors considérée comme faite.

Cependant, si elles continuaient à vivre en dehors de notre pouvoir, les deux régions dont je viens de vous parler allaient fatalement devenir des centres de résistance, des foyers d'insurrection. Donc, pour achever notre œuvre, il fallait en

dompter les habitants, résultat auquel nous
ne parvînmes pas sans peine.

Dès 1844, le duc d'Aumale s'était avancé
jusqu'à Biskra, dans le sud de la province
de Constantine. Depuis cette époque, Biskra était occupée par nous, et les oasis en-
vironnantes reconnaissaient notre puissance.

Or, en 1859, un certain Bou-Zian, qui avait,
dit-on, exercé la profession de porteur
d'eau à Alger, et qui était alors cheikh de
Zaatcha, place forte située à sept lieues de
Biskra, fit un appel aux armes contre la
France. Il prit pour prétexte la façon dont
l'administration française avait réparti la
lezma ou impôt sur les palmiers. Les populations voisines répondirent à sa voix, se
portèrent en foule à Zaatcha, et mirent cette
ville en état de défense.

Après les coups de main infructueux de
plusieurs officiers, le colonel Herbillon
arriva devant Zaatcha, avec 4,000 hommes
de toutes armes. La résistance fut énergique et opiniâtre. D'ailleurs, Zaatcha,
avec son enceinte, ses fossés d'irriga-

tion, ses jardins entourés de murs et de ruelles étroites, passait pour imprenable. Deux assauts ayant été inutilement tentés, le 20 octobre, on fit venir du renfort, et le 28 novembre eut lieu l'assaut décisif. Ce jour-là, trois colonnes sont lancées à la fois. Le colonel Canrobert commande la première. Escorté de quatre officiers et de douze soldats d'élite, il réussit à pénétrer dans la place. Presque tous ses compagnons tombent à ses côtés. De l'héroïque petite phalange, les quatre officiers et huit soldats sont tués ou blessés. Comme à Constantine, il faut prendre ruelle par ruelle, maison par maison. La ville est ruinée de fond en comble, les habitants sont massacrés, la tête de Bou-Zian et celle de son fils sont plantées au milieu du camp français.

En apprenant la destruction de Zaatcha, les Arabes de la région sont consternés et découragés. Ils viennent en foule demander l'aman ; et, à la vue des ruines fumantes, des cadavres entassés pêle-mêle, des têtes coupées et exposées publiquement, ils s'inclinent et se résignent à toutes les conditions du vainqueur.

Trois ans après la destruction de Zaatcha eut lieu celle de Laghouat, à cent lieues au sud d'Alger. L'attaque commença, le 4 décembre 1852, à sept heures du matin. A dix heures, les brèches étaient praticables. Les troupes, commandées par le général Pélissier, enlevèrent la ville d'assaut et, comme à Zaatcha, se montrèrent impitoyables pour les vaincus. La prise de Laghouat nous valut de nouvelles et nombreuses soumissions. En 1854, nos soldats purent entrer à Touggourt. La terreur nous avait rendus maîtres du Sahara.

Il me reste maintenant, mes enfants, à vous parler de la conquête de la Kabylie. Ah ! là encore, il fallut batailler, et batailler rudement. Paul, vous souvenez-vous de ce que je vous ai dit des anciens Berbères?

— Oui, Monsieur. Vous nous avez dit qu'ils étaient agricoles et industrieux, qu'ils avaient des résidences fixes, qu'ils aimaient le sol natal, qu'ils savaient le mettre en valeur, et qu'ils étaient très laborieux.

— A merveille, mon garçon. Eh bien, les
Kabyles, qui ont toutes ces qualités-là,
sont au moins aussi amoureux de la liberté
qu'ils sont âpres au travail. Ce ne fut
donc pas une petite affaire que d'avoir raison d'eux. Bougie avait bien été prise par
le général Trézel, en 1833 ; en 1844, Bugeaud
s'était bien emparé de Dellys, où il y a aujourd'hui une école d'arts-et-métiers ; mais
la possession de Bougie, de Dellys et de
quelques autres villes du littoral était peu
de chose. Ce qu'il fallait, c'était pénétrer
dans les montagnes du Djurjura, plus
redoutées que le désert même. La Kabylie,
en effet, était alors enveloppée de terreurs
et de mystère. On apercevait de loin ses
monts couverts de neige, ses forêts, ses
ravins, ses torrents, ses abîmes, ses villages
et ses cultures, mais on n'osait s'y aventurer. Pourtant, quand les Kabyles se sou-
levèrent contre nous, force fut bien de se
décider à agir. En 1857, le maréchal Randon,
qui était gouverneur de l'Algérie depuis le
11 décembre 1851, et qui avait déjà entrepris
plusieurs expéditions en Kabylie, résolut

d'en finir une fois pour toutes. Il mit sur
pied 35,000 hommes et attaqua les Beni-
Iraten, qui se défendirent avec vigueur,
mais qui durent céder après une lutte de
deux jours. Les Beni-Menguillet, retranchés
dans leur village d'Iriden, non loin de la
commune mixte actuelle de Fort-National,
soutinrent, le 24 juin, un combat sanglant
contre la division de Mac-Mahon. Cependant, au bout de soixante jours de campagne, tout était pacifié. L'armée française
avait réussi à courber un peuple qui n'avait
jusqu'alors plié devant personne. Toutefois, cette race si fière devait plus d'une
fois regimber sous l'aiguillon.

Exercices oraux ou écrits.

1. Quel grand événe-
ment eut lieu en France,
l'année qui suivit la soumission d'Abd-el-Kader?

2. Comment Louis-
Philippe s'était-il aliéné
les classes populaires?

3. Quel gouvernement
succéda à la monarchie
de Juillet?

4. Qui fut nommé gou-
verneur de l'Algérie, à la
place du duc d'Aumale?

5. Quelles conséquen-
ces eurent en Afrique ces
changements fréquents et

la nouvelle des événements de Paris ?

6. Quelles régions nous restait-il alors à conquérir ?

7. Indiquez les causes de la prise de Zaatcha ?

8. Dites ce que vous savez du siège de Zaatcha ?

9. Quel fut l'effet produit sur les Arabes de la région par la destruction de Zaatcha ?

10. Quel fait d'armes acheva de nous rendre maîtres du Sahara ?

11. A quelle population avions-nous affaire en Kabylie ?

12. En quelle année la Kabylie fut-elle conquise?

XVIIIᵉ LEÇON

L'ALGÉRIE SOUS L'EMPIRE

—

RÉSUMÉ

1. — Sous l'Empire, les principales insurrections furent celle des Ouled-Sidi-Cheikh et celle des Flittas.

2. — Le Gouvernement avait confié le commandement du vaste territoire qui s'étend entre Géryville et Ouargla, à un chef arabe nommé Si Hamza, qui était franchement dévoué à la France.

3. — En 1864, un de ses successeurs, Si Sliman, ayant fait défection, le lieutenant-colonel Beauprêtre marcha contre lui ; mais, trahi par les goums des Harrar, il fut massacré avec son infanterie.

4. — En même temps, le marabout Si Lazreg soulevait la belliqueuse tribu des Flittas, qui, après avoir pillé et incendié les villages d'Ammi-Moussa et de Zemmora, osa s'aventurer jusqu'à Relizane, et fut repoussée par nos braves colons.

5. — La guerre avec les Ouled-Sidi-Cheikh continua jusqu'en 1869, ces derniers trouvant un refuge au Maroc, où de puissantes tribus les recevaient et les soutenaient.

6. — En 1870, le général de Wimpffen, ayant Chanzy et de Colomb pour lieutenants, passa la frontière marocaine et combattit victorieusement les tribus hostiles, qui furent réduites à se soumettre sans conditions.

7. — L'Algérie ne pouvait rien attendre de bon de l'Empire, qui était un régime d'arbitraire et de compression.

8. — En 1858, Napoléon III remplaça le gouvernement général par un ministère de l'Algérie, qui fut confié à son cousin Jérôme Bonaparte ; mais de tels désordres eurent lieu, que ce ministère fut supprimé en 1860.

9. — En 1863, un sénatus-consulte déclara les tribus indigènes propriétaires des territoires dont elles avaient la jouissance à n'importe quel titre.

10. — Avec cela, l'Algérie était entièrement livrée au pouvoir militaire.

11. — La République de 1848 avait décidé que l'Algérie aurait des conseils municipaux et des conseils généraux élus, ainsi qu'une représentation au Parlement ; mais l'Empire supprima tout cela, et si, plus tard, il se décida à rendre quelque liberté à la Colonie, c'est qu'il y fut contraint et forcé.

DÉVELOPPEMENT

Mes enfants, depuis la soumission de la Kabylie, en 1857, il n'y eut plus, en Algérie,

que des insurrections partielles. Sous
l'Empire, les principales furent celle des
Ouled-Sidi-Cheikh et celle des Flittas.

Paul, veuillez chercher, sur votre carte,
Géryville et Ouargla, et me dire dans
quelle région de l'Algérie sont situés ces
deux centres.

— Monsieur, ils sont situés dans le
Sahara.

— A la bonne heure, mon garçon. Et
vous pouvez constater qu'ils sont fort
éloignés l'un de l'autre. Eh bien ! le Gouvernement français avait confié le commandement du vaste territoire qui s'étend
entre Géryville et Ouargla, à un chef arabe
nommé Si Hamza. Si Hamza appartenait à
une famille dont le prestige religieux était
grand sur les Ouled-Sidi-Cheikh et, en
général, sur tous les habitants du Sahara
algérien. Comme il nous était franchement
dévoué, tout alla bien, tant qu'il vécut.
Mais, en 1864, un de ses successeurs, Si
Sliman, ayant fait défection, le lieutenant-
colonel Beauprêtre, commandant supérieur de Tiaret, se porta avec ses troupes

vers le Djebel-Amour. Trahi par les goums
des Harrar, qui ouvrirent son camp à l'ennemi, Beauprêtre et son infanterie furent
massacrés, après une lutte désespérée
dans laquelle Si Sliman lui-même perdit
la vie.

A la nouvelle de l'écrasement de la colonne Beauprêtre, les populations du Djebel-Amour se révoltèrent. En même temps,
le marabout Si Lazreg soulevait la belliqueuse tribu des Flittas. Les villages
d'Ammi-Moussa et de Zemmora étaient
pillés et incendiés. Les Flittas osèrent
même s'aventurer jusqu'à Relizane, mais
ils furent repoussés par nos braves colons. Peu après, leur marabout ayant été
tué par un boulet, ils déposèrent les
armes.

Il fut plus difficile d'avoir raison des
Ouled-Sidi-Cheikh, avec lesquels la guerre
continua jusqu'en 1869. Ces derniers trou-
vaient un refuge au Maroc, où de puissantes tribus les recevaient et les soutenaient. En 1870, le général de Wimpffen,
ayant Chanzy et de Colomb pour lieute-

nants, passa la frontière marocaine avec
3,000 hommes, et vint camper, le 13 avril,
sur la rive gauche de l'Oued Guir. L'armée
ennemie, composée de 8,000 hommes, occupait sur la rive droite une position avantageuse. Un marabout fut chargé d'aller
lui offrir la paix, de la part de Wimpffen :

— Va dire au général, répondirent les
chefs indigènes, que nous avons compté
le nombre de ses soldats, et qu'il ait la sa-
gesse de fuir au plus vite.

C'était là, mes enfants, de la fanfaronnade à la manière arabe, fanfaronnade qui,
d'ailleurs, fut de courte durée. En effet,
nos soldats, ayant franchi l'Oued Guir
comme ils avaient franchi l'Isly, combat-
tirent victorieusement, et bientôt ceux
qui nous conseillaient si charitablement
de battre en retraite, furent réduits à se
soumettre sans conditions.

Telles furent, mes amis, les principales
insurrections qui eurent lieu sous l'Empire. A présent, je vais vous dire un mot
de l'administration algérienne sous ce régime néfaste, qui prit naissance dans le

sang du Deux-Décembre et finit dans la boue de Sedan.

L'Algérie paraissant difficile à administrer sur place, Napoléon III conçut l'idée de l'administrer à distance. En conséquence, en 1858, il remplaça le gouvernement général par un ministère de l'Algérie. Ce ministère fut confié à son cousin, Jérôme Bonaparte. Comme résultat, on obtint un désordre tel, qu'en 1860, la nouvelle institution fut condamnée par son auteur même. Un décret supprima ce qu'un décret avait établi, et les choses furent à peu près remises en l'état où elles étaient précédemment.

En 1863, une autre idée germa dans la cervelle impériale : ce fut celle d'un royaume arabe. Un sénatus-consulte parut, qui déclarait les tribus indigènes propriétaires des territoires dont elles avaient la jouissance à n'importe quel titre. Avec cela, la Colonie était entièrement livrée au pouvoir militaire. C'était le temps où les préfets étaient placés sous la dépendance des généraux commandant les provinces.

Quant aux colons, parmi lesquels on comptait bon nombre de victimes du coup d'État de 1851, ils détestaient l'Empire, qui, de son côté, ne les aimait guère. Aussi, de 1860 à 1870, les progrès de la colonisation furent-ils presque nuls.

C'est que, voyez-vous, mes chers enfants, il n'y a rien à faire sous un régime d'arbitraire et de compression. Et l'Empire, il ne faut jamais l'oublier, ne fut pas autre chose, pour l'Algérie comme pour la France. Faut-il vous en fournir des preuves ? En 1848, sous la République, le général Cavaignac avait déclaré les conseils municipaux électifs ; en 1850, alors que déjà la réaction dominait, des commissions municipales remplacèrent les conseils élus, et, en 1854, sous l'Empire, on en revint à une vieille ordonnance de 1847, en vertu de laquelle maires et conseillers étaient nommés par le pouvoir exécutif.

De même pour les conseils généraux. En 1848, Cavaignac décide qu'il y aura, dans chaque département algérien, un conseil général élu, dont les attributions seront les mêmes que celles des conseils généraux de France : l'Empire arrive, il ne prend pas la peine de rapporter l'arrêté du général Cavaignac, il le laisse purement et simplement de côté, et nos provinces d'Alger, d'Oran et de Constantine retombent sous la dictature.

De même aussi pour la représentation algérienne au Parlement. La République de 1848 l'avait instituée, l'Empire s'empressa de l'abolir.

A la vérité, un moment vint où l'Empire se décida, comme on dit vulgairement, à mettre un peu d'eau dans son vin ; mais comme il ne le fit que contraint et forcé, il ne mérite guère qu'on lui en sache gré.

C'est ainsi qu'en 1858, il rétablit les conseils généraux, mais en se réservant d'en désigner lui-même les membres ; qu'en 1866, il rentra dans les voies tracées par Cavaignac et rendit les conseils municipaux électifs, mais en s'attribuant la nomination des maires ; enfin, qu'en 1870, se sentant débordé de toutes parts, il rétablit le suffrage pour les conseils généraux.

Cette fois, il était trop tard. L'heure du châtiment avait sonné. L'Empire et l'empereur allaient rouler aux abîmes, entraînant malheureusement avec eux notre chère France, que la République actuelle s'efforce à relever de sa chute douloureuse.

Exercices oraux ou écrits.

1. Quelles furent les principales insurrections qui eurent lieu en Algérie, sous l'Empire?

2. A qui le Gouvernement avait-il confié le commandement du vaste territoire qui s'étend entre Géryville et Ouargla?

3. Quelle défection eut lieu en 1864?

4. En même temps, qui soulevait la belliqueuse tribu des Flittas?

5. Jusqu'en quelle année continua la guerre contre les Ouled-Sidi-Cheikh?

6. Que fit le général Wimpffen, en 1870?

7. L'Algérie pouvait-elle attendre quelque chose de bon de l'Empire?

8. En quelle année Napoléon III remplaça-t-il le gouvernement général par un ministère de l'Algérie?

9. Dites ce que vous savez du sénatus-consulte de 1863.

10. Avec cela, à quel régime l'Algérie était-elle entièrement livrée?

11. Les décisions de la République de 1848, en faveur de l'Algérie, furent-elles ratifiées par l'Empire?

XIXᵉ LEÇON

L'ALGÉRIE SOUS LA RÉPUBLIQUE

RÉSUMÉ

1. — Quand ils apprirent nos défaites de 1870-71, les Arabes et les Kabyles se révoltèrent.

2. — Le principal chef de l'insurrection de 1871 fut un indigène de la province de Constantine, Mokrani, bach-agha de la Medjana depuis 1852, et qui avait été comblé de faveurs par l'Empire.

3. — L'insurrection s'étendit avec une rapidité inouïe ; Palestro fut détruit, et ses habitants odieusement massacrés. Fort-National, Dellys, Tizi-Ouzou, Bougie, Sétif, Batna, etc., furent assiégés ou menacés.

4. — Le colonel Fourchault marcha contre les révoltés et leur barra le passage par le combat du 22 avril, alors qu'ils n'étaient plus qu'à trente-sept kilomètres d'Alger.

5. — Deux colonnes furent organisées : l'une, dans la province de Constantine, sous le général Saussier ; l'autre, dans la province d'Alger, sous le colonel Cérez.

6. — Mokrani périt frappé d'une balle au cou, ce

qui permit d'étouffer rapidement l'insurrection au centre.

7. — Les rebelles s'étant ralliés, dans l'Est, à Bou-Mezrag, frère de Mokrani, Saussier les écrasa à Bou-Thaleb.

8. — Le séquestre fut mis sur les biens des vaincus, qui rendirent 80,000 fusils et payèrent trente millions de francs, dont près des deux tiers furent répartis entre les colons.

9. — Les progrès dus à l'administration algérienne sous la République peuvent se résumer en trois œuvres principales : la constitution de la propriété individuelle pour les indigènes, la création de centres de colonisation, l'extension du régime civil.

DÉVELOPPEMENT

Mes enfants, nul d'entre vous n'ignore les désastres que le dernier Empire attira sur la France. Tous vous avez entendu raconter, dans vos familles, les tragiques péripéties de cette année que Victor Hugo, notre immortel poète, a si justement appelée « l'année terrible. » Tous vous savez qu'après Sedan, la lâcheté, nous eûmes Metz, la trahison. Souvenirs pleins d'amertume ! Et pourtant l'honneur resta sauf.

C'est qu'à ces heures inoubliables, un homme parut, qui, sentant vibrer en lui l'âme même de la patrie, représenta la conscience nationale outragée et révoltée, marqua au fer rouge les lâches et les traîtres, et conserva, à travers les plus épouvantables catastrophes, une énergie et un espoir indomptables. Charles, pourriez-vous me dire le nom de cet homme-là ?

— Monsieur, nous le connaissons tous, c'est Gambetta.

— Oui, mon garçon, c'est Gambetta. Nous devons vénérer sa mémoire comme celle d'un grand patriote et d'un grand Français.

Et maintenant, mes amis, revenons, s'il vous plaît, à notre Afrique, où surgit alors une crise redoutable qui fut précisément la conséquence des revers poignants dont je viens de vous parler.

Quand ils apprirent nos défaites de 1870-71, les Arabes et les Kabyles relevèrent la tête. Ces **Roumis**, qui les avaient courbés sous leur domination, n'étaient donc pas invincibles, puisque leurs armées étaient prisonnières et leur pays envahi. En Algérie même, tout ne semblait-il pas aller mal pour eux? L'administration n'était-elle pas désorganisée, les troupes ne faisaient-elles pas défaut, et les colons ne s'agitaient-ils pas en sens divers, affolés par la nouvelle des humiliations infligées à la Métropole?

C'est dans ces circonstances qu'un indigène de la province de Constantine, Mokrani, qui était bach-agha de la Medjana depuis 1852 et qui avait été comblé de faveurs par l'Empire, crut le jour de la délivrance et de la vengeance arrivé. Après avoir préparé le terrain et s'être créé des alliés, il envoya sa démission de bach-agha au gouvernement de la République, et, prétextant l'avènement du régime civil, il déclara la guerre à la France.

L'insurrection s'étendit avec une rapidité inouïe. En quelques jours, la populeuse Kabylie fut sur pied. Palestro fut détruit, et ses habitants odieusement massacrés. Fort-National, Dellys, Tizi-Ouzou, Bougie, Sétif, Batna, etc., furent assiégés ou menacés. La France était, hélas! épuisée, presque à terre. Que faire? Le colonel Fourchault, avec quelques soldats de ligne, des mobilisés, des francs-tireurs, marcha bravement contre les révoltés et leur barra le passage par le combat du 22 avril, alors qu'ils n'étaient plus qu'à trente-sept kilomètres d'Alger.

Vous voyez, mes enfants, que l'année 1871, si funeste pour la France, le fut aussi pour l'Algérie, où il fallut recommencer la guerre. Deux colonnes furent organisées : l'une, dans la province de Constantine, sous le général Saussier; l'autre, dans la province d'Alger, sous le colonel Cérez. Mokrani périt frappé d'une balle au cou, ce qui permit d'étouffer rapidement l'insurrection au centre ; mais, à l'ouest d'Alger, Cherchell était bloqué par les Beni-Menacer, et, dans l'est, Bou-Mezrag, frère de Mokrani, avait rallié autour de lui les rebelles. Ceux-ci furent écrasés par Saussier à Bou-Thaleb.

On dut cette fois se montrer inexorable. Le séquestre fut mis sur les biens des vaincus, qui rendirent quatre-vingt mille fusils et payèrent trente millions de francs. Près des deux tiers de cette somme furent répartis entre les colons.

Tel fut, mes amis, le grand soulèvement de 1871, que Saussier et Cérez, secondés par les généraux Lallemand et de Lacroix, parvinrent à réprimer. A présent l'Algérie, entièrement pacifiée, s'étend, comme je vous l'ai dit dans ma première leçon, jusqu'à El-Goléa, où le général Galiffet planta notre drapeau en 1873.

Je pourrais clore ici la série de ces entretiens, si je devais me borner à vous narrer des faits militaires. Mais je m'en voudrais, et vous m'en voudriez vous-mêmes, si je ne vous indiquais sommairement les progrès dus à l'administration algérienne sous la République.

Ces progrès peuvent se résumer en trois œuvres principales : la constitution de la propriété individuelle pour les indigènes, la création de centres de colonisation, l'extension du régime civil.

La constitution de la propriété individuelle pour les indigènes, dont une loi de 1873, due au docteur Warnier, posa le principe, n'a pu encore être réalisée que d'une façon bien restreinte. Quelle besogne, en effet, de déterminer juridiquement les terres qui reviennent à chacun, de mesurer ces terres, d'en établir le plan, en un mot de remplir toutes les formalités nécessaires à la délivrance de titres en règle ! Espérons pourtant qu'on réussira à mener à bonne fin cet immense travail.

Quant aux centres de colonisation, leur création a fait partie du programme des différents gouverneurs qui se sont succédé en Algérie depuis la chute de l'Empire. On s'accorde volontiers à reconnaître que l'amiral de Gueydon, le général Chanzy et M. Albert Grévy s'en sont occupés avec zèle. De 1871 à 1881, 222 centres ont été créés et 56 agrandis.

La troisième grande œuvre a été l'extension du régime civil. Au contraire de l'Empire, qui voulait faire du nord de l'Afrique un royaume arabe et un camp, la République a pensé que la liberté serait féconde pour l'Algérie comme pour la France, et qu'on ne devait laisser l'autorité entre les mains des chefs de l'armée que dans les régions où domine encore l'élément indigène. Aussi, le territoire civil qui, dans les premiers mois de 1871, contenait à peine un million et demi d'hectares, en comprenait-il plus de onze millions, à la fin de 1881.

En résumé, mes enfants, notre belle colonie africaine, fortifiée et complétée par l'occupation de la Tunisie, est pleine de vie, de ressources et d'avenir. Mais elle a encore besoin d'être aidée par la France.

Que la France conserve donc toutes ses sympathies à l'Algérie ! Qu'elle n'oublie pas, qu'elle n'abandonne jamais ceux qui, à l'abri du drapeau national, travaillent à prolonger l'antique Gaule au delà de la Méditerranée ! Et l'Algérie, avec le concours du Parlement et sous l'habile direction d'administrateurs comme celui qu'elle possède aujourd'hui, ne tardera pas à constituer une richesse et une force pour la mère patrie.

Exercices oraux ou écrits.

1. Que firent les Arabes et les Kabyles, quand ils apprirent nos défaites de 1870-71 ?

2. Quel fut le principal chef de l'insurrection de 1871 ?

3. Dites ce que vous savez sur cette insurrection ?

4. Qui marcha contre les révoltés et leur barra la route ?

5. Que fit-on pour réprimer l'insurrection ?

6. Comment périt Mokrani ?

7. Quelle victoire remporta Saussier à Bou-Thaleb ?

8. Quelles mesures furent prises contre les vaincus ?

9. Comment peuvent se résumer les progrès dus à l'administration algérienne sous la République ?

XXᵉ LEÇON

FRANCE ET ALGÉRIE

—

RÉSUMÉ

1. — L'Algérie est physiquement partagée en trois régions : le Tell, les Hauts-Plateaux et le Sahara.

2. — Les principales productions du Tell sont le blé, la vigne, l'oranger, l'olivier, le mûrier et le tabac.

3. — La région des Hauts-Plateaux est surtout remarquable par ses immenses pâturages et par son alfa.

4. — Le Sahara a un arbre, le palmier, et un animal, le chameau.

5. — La population de l'Algérie n'est guère inférieure à trois millions d'habitants.

6. — On a calculé que les indigènes musulmans sont quatorze fois plus nombreux que les Français d'origine ; que les indigènes israélites, naturalisés par le décret du 24 octobre 1870, ne forment que le cinquième de ces mêmes Français, et que le nombre des Étrangers atteint presque celui de nos nationaux.

7. — Les indigènes musulmans se divisent en Arabes, en Kabyles et en une foule de variétés, telles que les Koulouglis, les Maures, les Nègres, etc.

8. — La République française offre à tous ces peuples de races diverses le régime civil, c'est-à-dire la liberté, mais à une condition : c'est qu'ils sauront et voudront s'en servir **dans l'intérêt de la France.**

9. — Dans l'intérêt de la France, nous devons tâcher de relever les vaincus, en leur donnant la sécurité, et en les obligeant à travailler et à s'instruire.

DÉVELOPPEMENT

Mes enfants, nous voici arrivés au terme de ces leçons. Nous avons parcouru ensemble les étapes de l'histoire de l'Algérie. Vous avez pu vous rendre compte des luttes épiques des cinquante dernières années. Vous savez maintenant que notre jeune France africaine, déjà si vigoureuse, n'aura pas à rougir de ses origines, dont le prestige ira grandissant de siècle en siècle. Créée dans le sang et dans les larmes, elle sera, dans l'avenir, la joie, l'honneur et l'orgueil de la noble patrie à laquelle elle doit l'existence.

Telle qu'elle est limitée aujourd'hui, l'Algérie est physiquement partagée en trois régions : le Tell, les Hauts-Plateaux et le Sahara.

Le Tell, qui est baigné par les flots bleus de la Méditerranée, renferme quinze millions d'hectares. On y cultive le blé, la vigne, l'oranger, l'olivier, le mûrier et le tabac. Les céréales du Tell sont d'une qualité supérieure et l'emportent même sur celles de l'Australie. Quant à la vigne, elle occupe aujourd'hui près de 36,000 hectares, et, en 1882, l'accroissement de sa production a été d'environ 400,000 hectolitres de vin. On a pu dire avec raison que le Tell est le grenier et le cellier de l'Algérie.

Après le Tell viennent les Hauts-Plateaux, qui recouvrent une superficie de dix millions d'hectares. Les céréales y poussent aussi, mais cette région est surtout remarquable par ses immenses pâturages. Il y a là de quoi nourrir des millions de moutons et de bœufs. Ces steppes ou landes, qu'on appelle les Hauts-Plateaux, ont une autre richesse, l'alfa. Avec cette herbe d'apparence vulgaire, on fabrique des cordes, des chapeaux, des nattes, du papier. L'alfa croît sur des millions d'hectares, et il s'en exporte, chaque année, pour des millions de francs.

Au sud des Hauts-Plateaux s'étend le Sahara, dont la superficie est de quarante et un à quarante-deux millions d'hectares. Le Sahara a un arbre, le palmier, et un animal, le chameau. Avec le palmier et le chameau, l'indigène peut vivre. Le palmier lui fournit ses dattes ; le chameau, son lait et sa laine. En outre, le chameau, qu'on a surnommé avec raison **le vaisseau du désert**, le transporte où il veut aller. Cela suffit à ces fils du soleil.

La population de l'Algérie n'est guère inférieure à trois millions d'habitants. On a calculé que les indigènes musulmans sont quatorze fois plus nombreux que les Français d'origine ; que les indigènes israélites, naturalisés par le décret du 24 octobre 1870, ne forment que le cinquième de ces mêmes Français, et que le nombre des étrangers atteint presque celui de nos nationaux.

Les indigènes musulmans se divisent en Arabes, en Kabyles, et en une foule de variétés, telles que les Koulouglis, les Maures, les Nègres, etc.

La République française offre à tous ces peuples de races diverses le régime civil, c'est-à-dire la liberté ; mais à une condition, c'est qu'il sauront et voudront s'en servir **dans l'intérêt de la France.**

Et ici, mes enfants, permettez-moi de vous citer textuellement l'opinion du savant qui a bien voulu avoir la bonté de s'intéresser à ces modestes leçons et de les honorer de son haut patronage. D'ailleurs ce savant n'est pas un étranger pour vous, puisqu'il a écrit d'excellents ouvrages à votre usage, et je suis persuadé que vous avez tous son nom sur les lèvres.....

— Oui, Monsieur, c'est M. Paul Bert.

— Eh bien, mes enfants, voici ce que M. Paul Bert, qui est à la fois un grand ami de la jeunesse et un grand ami de l'Algérie, écrivait le 6 juillet 1883 :

« Il ne faut pas oublier, en effet, que si nous avons conquis l'Algérie, si nous avons dépensé pour cette conquête, presque sans compter, et l'argent et le sang, si les riches vallées fertilisées par nos travaux sont engraissées des corps de nos premiers colons, tombés en assainissant le sol, comme les têtes des colonnes d'assaut tombent en comblant les fossés, tous ces sacrifices qu'on a demandés à la France, c'est dans l'intérêt de la France, dans cet intérêt seul qu'on a pu les exiger et les obtenir. »

C'est aussi dans l'intérêt de la France que nous devons travailler au relèvement du peuple vaincu. Or, comment pourrons-nous le réaliser, ce relèvement? « Nous y parviendrons, ajoute M. Paul Bert, en donnant aux indigènes la sécurité, et en les contraignant à travailler et à s'instruire. »

Paix, travail, instruction ! Mes amis, tout est là. Ces trois mots renferment le secret de la civilisation et de l'avenir de l'Algérie.

Encore un mot, et j'ai fini.

En 1868, un écrivain de talent, Prévost-Paradol, dans un livre intitulé la **France nouvelle,** montrait la race germanique comptant dans l'avenir une population de cinquante millions d'hommes, unifiée sous la discipline prussienne ; la Russie groupant un nombre de Slaves plus fort encore ; enfin la race anglo-saxonne fondant, au delà des océans, des colonies gigantesques. Et, en présence de ce tableau, il se demandait mélancoliquement quelle chance restait à notre race d'être représentée, selon son importance et sa valeur, sur la surface du globe. Cette chance, il la résumait en un seul mot : l'**Algérie.**

C'est absolument vrai. L'Algérie sera évidemment la perpétuation de la France.

Oui, quand ce vaste territoire sera exploré, fouillé, retourné ; quand les éléments multiples qui constituent ses ressources seront connus et exploités ; quand tous, Étrangers, Juifs, Kabyles et Arabes, auront passé par nos écoles et s'y seront coudoyés sous la direction des mêmes maîtres ; quand

l'éducation en commun aura produit les
effets salutaires attendus, que la langue
de Voltaire et de Victor Hugo sera comprise de chacun, que nos idées auront pé-
nétré une à une les cerveaux, comme l'eau
pénètre goutte à goutte la pierre ; quand
la propriété collective aura fait place à la
propriété individuelle, que l'expérience et
l'instruction auront démontré aux indigènes les bienfaits de cette civilisation que
nous leur apportons, et à laquelle ils sont
encore rebelles ; quand il n'y aura plus de
terres cultivables en friche ; que les Hauts-
Plateaux, où le climat est sain et les sour-
ces fraîches, seront peuplés de colons,
d'éleveurs et d'industriels ; quand le Sahara
lui-même sera transformé par le forage de
puits qui lui donneront, avec l'eau, la fer-
tilité et la vie ; quand toutes ces réformes
et tous ces travaux seront accomplis, l'Algérie sera véritablement la France nouvelle
que rêvait Prévost-Paradol et que nous
rêvons tous, j'entends tous ceux qui ont
à cœur la richesse, la force, la gloire et la
grandeur de la patrie.

Exercices oraux ou écrits.

1. Comment l'Algérie est-elle physiquement partagée ?

2. Quelles sont les principales productions du Tell ?

3. Par quoi la région des Hauts-Plateaux est-elle surtout remarquable ?

4. Que savez-vous sur le Sahara ?

5. A quel chiffre s'élève la population de l'Algérie ?

6. Comment se répartissent les trois millions d'habitants de l'Algérie ?

7. Comment se divisent les indigènes musulmans ?

8. Quel régime la République française offre-t-elle à tous ces peuples de races diverses ?

9. Dans l'intérêt de la France, que devons-nous faire en faveur des vaincus ?

FIN

TABLE DES MATIÈRES

———

Alger. — Typographie Adolphe Jourdan.

MACHUEL (L.), Directeur de l'enseignement public en Tunisie.

Une première année d'arabe, à l'usage des classes élémentaires des lycées, des collèges, des écoles primaires de l'Algérie ; 2e édition. 1 vol. in-12, cartonné. 1 fr. 50

Méthode pour l'étude de l'arabe parlé (idiome algérien) ; 4e édition. 1 vol. in-12, relié percaline. 5 fr.

Grammaire élémentaire d'arabe régulier, contenant : *lecture et écriture, parties du discours,* etc. 2e édition. 1 vol. in-8º écu, relié percaline. 5 fr.

Manuel de l'arabisant ou *Recueil de pièces arabes* (Première partie). Lettres administratives, judiciaires, politiques, etc. 1 vol. petit in-8º, relié percaline. 6 fr.

Manuel de l'arabisant ou *Recueil de pièces arabes* (Deuxième partie). Actes divers pourvus de toutes les voyelles. 1 vol. petit in-8º, relié percaline. 6 fr.

Les Voyages de Sindebad le Marin, texte arabe extrait des *Mille et une Nuits,* muni de toutes les voyelles, accompagné d'un vocabulaire et de notes analytiques ; 2e édition. 1 vol. in-12, relié percaline. 5 fr.

AHMED BEN KHOUAS.

Notions succinctes de Grammaire kabyle, rédigées sous la direction du sous-préfet de Tizi-Ouzou (1881). 1 vol. in-32, cartonné. 1 fr.

DEPEILLE, ancien directeur de l'école arabe-française.

Méthode de lecture et de prononciation arabes (Manuel). 1 fr.

Les tableaux de la méthode de lecture *et de prononciation arabes.* Sept grands tableaux. 3 fr.

DUMONT, ancien interprète de l'état-major général à Alger.

Guide de la lecture des manuscrits arabes. 1 vol. grand in-8°, jésus. 5 fr.

GUÉRIN, ✳, ancien interprète militaire.

La Clef du langage arabe ou *Premier livre de l'arabisant.* 1 vol. in-8°. 2 fr. 50

WAHL (Maurice) et MOLINER-VIOLLE.

Géographie élémentaire de l'Algérie, adoptée pour les écoles de la ville de Paris et de l'Algérie. 1 vol. in-32, cartonné. 75 c.

Atlas de la géographie élémentaire de l'Algérie, adopté pour les écoles de la ville de Paris et de l'Algérie. 1 vol. in-8°, oblong. 1 fr. 25
Les deux ouvrages ci-dessus ensemble. 1 fr. 50

WAHL (Maurice), ancien élève de l'École normale supérieure, professeur agrégé d'histoire et de géographie au lycée d'Alger.

Cent lectures, morceaux choisis sur l'Algérie, à l'usage des lycées, collèges, écoles primaires, etc. 1 vol. in-12, cartonné. 90 c.

Une première année d'arabe, à l'usage des classes élémentaires des lycées, collèges, écoles primaires de l'Algérie, etc., par L. MACHUEL. Un volume in-12 cartonné.   1 fr. 50

Méthode pour l'étude de l'arabe parlé (idiome algérien), contenant : 1° des leçons graduées, dans lesquelles sont exposés les principes de la grammaire ; etc., par le même. 2ᵉ édition revue et augmentée. Un volume in-12 relié percaline.   5 fr.

Cours pratique de langue arabe, contenant : 1° des exercices d'écriture, de lecture et de mémoire ; etc., par BELKASSEM BEN SEDIRA. 2ᵉ édition revue et augmentée. Un volume in-18 anglais cartonné.   5 fr.

Dialogues français-arabes, recueil des phrases les plus usuelles de la langue parlée en Algérie, refondus par le même. 2ᵉ édition.   3 fr.

Petit dictionnaire arabe-français *de la langue parlée en Algérie,* contenant les mots et les formules employés dans les lettres et les actes judiciaires. Un joli volume de xvi-608 pages in-18, relié percaline.   5 fr.

Géographie élémentaire de l'Algérie, à l'usage des classes élémentaires des lycées, collèges, écoles primaires, etc., par MM. MAURICE WAHL et MOLINER-VIOLLE. Ouvrage adopté pour les écoles de la ville de Paris. 1 vol. in-32.   75 c.

Atlas de la Géographie élémentaire de l'Algérie, à l'usage des classes élémentaires des lycées, etc. Ouvrage adopté pour les écoles de la ville de Paris. 1 vol. in-8°, oblong.   1 fr. 25

Les deux ouvrages ci-dessus, ensemble.   1 fr. 50

ALGER. — TYPOGRAPHIE ADOLPHE JOURDAN.